# Antonín Dvořák

mit Selbstzeugnissen
und Bilddokumenten
dargestellt von
Kurt Honolka

Rowohlt

Dieser Band wurde eigens für «rowohlts monographien» geschrieben
Den Anhang besorgte der Autor
Herausgeber: Kurt Kusenberg · Redaktion: Beate Möhring
Schlußredaktion: K. A. Eberle
Umschlagentwurf: Werner Rebhuhn
Vorderseite: Antonín Dvořák
Rückseite: Die erste Ausgabe der «Klänge aus Mähren» bei Simrock
Beide Vorlagen aus: «Antonín Dvořák. Sein Leben und Werk in Bildern»
von Antonín Hořejš (Prag 1955)


Veröffentlicht im Rowohlt Taschenbuch Verlag GmbH,
Reinbek bei Hamburg, November 1974
Copyright © 1974 by Rowohlt Taschenbuch Verlag GmbH,
Reinbek bei Hamburg
Alle Rechte an dieser Ausgabe vorbehalten
Satz Aldus (Linotron 505 C)
Gesamtherstellung Clausen & Bosse, Leck
Printed in Germany
1080-ISBN 3 499 50220 8

33.–35. Tausend April 1991

# Inhalt

Schöpfer tschechischer Nationalmusik   7

Jugend und Lehrjahre   13

Sturm und Drang   24

Erste Erfolge   37

Brahms und die «Slawische Periode»   48

Triumph in England   68

Meister und Lehrer   80

In der neuen Welt   92

Die letzten Jahre   104

Werk und Rang   124


Anmerkungen   136

Zeittafel   139

Zeugnisse   141

Werkverzeichnis   143

Bibliographie   149

Namenregister   152

Über den Autor   155

Quellennachweis der Abbildungen   156

*Antonín Dvořák, 1894*

# SCHÖPFER TSCHECHISCHER NATIONALMUSIK

Smetana und Dvořák – die Musikwelt nennt die beiden großen Namen gewissermaßen in e i n e m Atemzug, als prominenteste Repräsentanten tschechischer Musik überhaupt, die einen gesicherten Platz in der Weltmusik des Wertbeständigen, «Klassischen» einnehmen. In jüngster Zeit ist, im Zuge einer bemerkenswerten postumen Renaissance, zu ihnen als dritter Leoš Janáček getreten; als Opernkomponist überrundete er sogar mit seinem Gesamtwerk beide Vorgänger in der internationalen Geltung. Das ändert nichts an deren Pionier-Ruhm, schon gar nicht bei ihren Landsleuten.

Den Deutschen, im Abstand ihrer Opernmöglichkeiten auch den Angelsachsen, mag an der Schwelle des letzten Drittels des 20. Jahrhunderts Janáček mit außenseiterischen Werken wie «Die Sache Makropulos» oder «Aus einem Totenhause» interessanter erscheinen als sämtliche acht Opern Smetanas und sämtliche zehn Dvořáks. Janáčeks zwei Streichquartette mögen fesselnder in ihrem Stellenwert Neuer Musik sein als die ganze, ungleich reichere Kammermusikproduktion Dvořáks. Das sind aktuelle entwicklungsgeschichtliche Wertungsperspektiven. Sie sagen wenig aus über die historische Funktion der älteren, der Gründer-Meister.

Bedřich Smetana trägt den Ehrentitel des «Schöpfers der tschechischen Nationalmusik». Ganz gewiß mit demselben Recht wie Glinka als «Vater der russischen Musik» gilt, wie poesie-verklärt auch immer solche Epitheta sein mögen. Smetana schenkte seiner Nation die erste tschechisch geprägte Oper, «Die Brandenburger in Böhmen», und im selben Uraufführungsjahr 1866 die weltweit meistgespielte tschechische Oper überhaupt, «Die verkaufte Braut», dazu das Unikum einer patriotischen Musikapotheose von Landschaft und Geschichte eines Volkes, den symphonischen Zyklus «Mein Vaterland» («Má vlast»). Aber er schrieb wenig Kammermusik, gar keine Symphonien und keine Oratorien. Auf diesen Kompositionsgebieten ergänzte ihn sein um siebzehn Jahre jüngerer Landsmann Antonín Dvořák: insofern ein gleichrangiger Mitschöpfer.

«Smetana und Dvořák»: die untrennbare Verknüpfung, die als Personifizierung einer Hochepoche an die deutsche Formel «Goethe und Schiller» erinnert, ist nicht die einzige in der Kulturgeschichte des neuzeitlichen Tschechentums. Dessen nationale Wiedergeburt repräsentieren Dioskurenpaare auch in der Literatur des 19. Jahrhunderts – neben dem Lyriker Karel Hynek Mácha die Erzählerin Božena Němcová – und in der Malerei, wo sich Josef Mánes und Mikoláš Aleš in den Gründer-Ruhm teilen. Wobei dem Paar «Smetana und Dvořák» die repräsentative Ausschließlichkeit, die ihr die Weltöffentlichkeit zuerkennt, von der tschechischen historischen Sicht nicht so einfach zugebilligt wird. Um die Jahrhundertwende sah die tschechische Musikwissenschaft die Schöpfer der Nationalmusik nicht als Zwiegespann, sondern als Trias namens Smetana–Dvořák–Fibich (die letztgenannten in eindeutigem Rangabstand zum Erzvater), und noch im Jahre 1966 schrieb ein führender tschechischer Komponist der Gegenwart, Jarmil Burghauser, ein Buch, das Smetana, Dvořák und Zdeněk Fibich als sich ergänzendes Dreigestirn der tschechischen Nationalmusik feiert.[1]*

Niemand im Ausland kennt Fibich, es sei denn als Urheber des Evergreens gehobener Unterhaltungsmusik namens «Poem»; den Tschechen jedoch gilt der universal vielseitige Komponist Fibich (1850–1900), dessen Melodramen-Trilogie «Hippodamia» eine originelle, freilich auf den Heimatbereich beschränkte Schöpfung ist, eben als tschechischer Klassiker.

Eine solche Diskrepanz zwischen internationaler und nationaler Einschätzung spiegelt sich auch in der Wertung Smetanas und Dvořáks. In den Konzertsälen der Welt wird Dvořák sehr viel öfter gespielt als Smetana in den Opernhäusern, wo man, von sporadischen deutschen Ausgrabungen abgesehen, praktisch nur «Die verkaufte Braut» kennt. Bei den Tschechen selbst rangiert Dvořák, bei aller Popularität, in deutlichem Abstand hinter Smetana. Dessen zeitlicher Vorrang wurde noch aufgewertet durch die überragende Rolle, die der von Smetana geschaffenen, von Dvořák nur angereicherten, nicht aber übertroffenen tschechischen Oper in der kulturellen und nationalen Wiedergeburt zukommt, und durch das Gewicht der Smetana-Interpreten. Gegenüber Autoritäten wie Otakar Hostinský, dem Begründer der modernen tschechischen Musikästhetik, und dem Smetana-Biographen Zdeněk Nejedlý, der in seinen letzten Jahren als Kulturminister der sozialistischen Tschechoslowakei einen zuungunsten Dvořáks wirkenden, überwältigenden kulturpolitischen Einfluß ausübte, taten sich die tschechischen Dvořák-Verehrer allzeit schwerer – auch wenn sie den Vorteil genossen, daß schon frühzeitig eine umfangreiche vierbändige Dvořák-Monographie des Musikwissenschaftlers Otakar Šourek vorlag, während das geplante Smetana-Standardwerk Nejedlýs ein Torso blieb.

Die tschechische Nationalmusik ist ein Spätling Europas. Der «Vater der russischen Musik», Glinka, war um eine Generation älter als Smetana; sogar Polen, dessen Musikkultur sich als ganze keinesfalls mit der tschechischen messen kann, war mit Chopin und Moniuszko vorausgegangen. Ein auf den ersten Blick erstaunlicher Rückstand, wenn man sich vor Augen hält, wie eng die tschechische Kunstmusik seit vielen Jahrhunderten mit dem stilbildenden Westen, vor allem natürlich mit der

---

* Die hochgestellten Ziffern verweisen auf die Anmerkungen S. 136f.

nachbarschaftlichen deutschen Musik, verbunden und wie reich ihr eigener Beitrag seit alters her war. Im 9. Jahrhundert schon, in der kurzen Epoche des selbständigen Großmährischen Reiches, sang man Messen nicht in lateinischer, sondern in (alt)slawischer Sprache. Die ältesten schriftlichen Musikdokumente Böhmens stammen aus dem 11. Jahrhundert; an den Přemyslidenhöfen zu Prag wirkten deutsche Minnesänger; zum traditionellen deutschen Einfluß des Mittelalters trat, besonders unter der kulturell so segensreichen Herrschaft des Luxemburgers Karl IV., das befruchtende Vorbild der französischen Polyphonie und der italienischen Frührenaissance. Mit dem hussitischen Choral, der auf den späteren Choral der lutherischen Reformation ausstrahlte, gaben tschechische Böhmen zurück, was sie seit Jahrhunderten an Beispiel und Anregungen von der deutschen Kultur empfangen hatten, und mit der Fülle sogenannter Kleinmeister der böhmischen Emigration in der Barockzeit trugen Böhmen und Mähren wesentlich zum europäischen Klassizismus bei. Damals entstand, auf Grund des begeisterten Zeugnisses, das der englische Europa-Reisende Charles Burney der blühenden Musikkultur Böhmens ausstellte, der Ehrenname Böhmens als des «Konservatoriums Europas».

Georg (Jiří) Benda, Emigrant wie so viele Musiker, die das Land nicht mehr ernähren konnte, schuf die Kunstform des Melodrams; Johann Wenzel Anton Stamitz wurde der Begründer der entwicklungsgeschichtlich wichtigen Mannheimer Schule klassischer Symphonik; Anton Reicha (Antonín Rejcha) war ein Lehrer Beethovens – um nur einige Namen aus einer langen Reihe zu nennen. Tschechen wie Deutsche aus Böhmen und Mähren trugen zu diesem Musikruhm bei. Der Nationalismus tschechischer Musikhistorik, der sich unter dem sozialistischen Regime eher noch verstärkt hat, versucht Künstler für die tschechische Nation zu annektieren. Beispielsweise wird Stamitz als Tscheche in Anspruch genommen. Der heute israelische Musikwissenschaftler Peter Gradenwitz[2] wies schon 1936 nach, daß Stamitz deutsch-österreichischer Abstammung war – ganz abgesehen davon, daß er eben als «Mannheimer» er selbst wurde. Den Meistern des 18. Jahrhunderts war Nationalismus gänzlich fremd. Ein «Böhme» zu sein hieß: aus Böhmen stammen, gleich welcher Muttersprache. Später, in der zweiten Hälfte des 19. Jahrhunderts, als sich die Wege der beiden Böhmen bewohnenden Völker zu trennen begannen, unterschied der deutsche Sprachgebrauch Tschechen und Deutschböhmen. Nicht so der tschechische. Das Wort «český» bedeutet gleicherweise böhmisch (also: in Böhmen beheimatet) wie tschechisch, im nationalen Sinn. Die sprachlich gegebene Identifikation verlockte die tschechische Geschichtsschreibung retrospektiv zu einer Art von kulturpolitischem Imperialismus, der ahistorisch ist. Er erklärt sich, einschließlich seiner betont antideutschen Tendenz, aus der Abwehrstellung eines Volkes, das seit Jahrhunderten um seine nackte nationale

Existenz zu kämpfen hatte.

Der Dreißigjährige Krieg bedeutete für die Tschechen nicht allein eine wirtschaftliche, sondern auch eine nationale und kulturelle Katastrophe. Nach der Schlacht am Weißen Berge bei Prag (1620) verlor das Volk der Tschechen seine Eigenständigkeit, die es das ganze Mittelalter hindurch auch im losen Verband des Heiligen Römischen Reiches Deutscher Nation behauptet hatte. Nun wurde es nicht mehr von eigenen Fürsten, sondern von den Habsburgern in Wien beherrscht. Deren gegenreformatorische Politik in Böhmen und Mähren war zwar keinesfalls etwa von nationalistischen, sondern von konfessionellen und hausmachtpolitischen Motiven bestimmt, traf aber nach Lage der Verhältnisse – die beiden Länder waren damals fast ganz evangelisch – die Tschechen geradezu vernichtend. Grundbesitz von Protestanten wurde in Massen konfisziert, ein neuer Adel aus zugezogenen fremden, Habsburg-treuen Geschlechtern (Colloredo, Schwarzenberg, Clam-Gallas, Buquoy, Piccolomini) formiert, die Rechte des Bürgertums wurden zugunsten eines wachsenden zentralen Bürokratismus unterdrückt und mit ihnen die Entwicklung der tschechischen Sprache. Viele Tschechen, die nicht katholisch werden wollten, wanderten aus, so der große Pädagoge Johann Amos Comenius (Jan Amos Komenský). In die vom Dreißigjährigen Krieg verödeten Randgebiete wanderten überwiegend katholische Deutsche ein. Das Bauerntum versank in Leibeigenschaft, städtische Kultur wurde zunehmend deutschsprachige Kultur. Tschechische Gymnasien, geschweige denn Hochschulen, gab es selbst noch in der ersten Hälfte des 19. Jahrhunderts nicht. Tschechische Literatur vegetierte provinziell unbedeutend dahin, die tschechische Sprache überlebte nur noch als Sprache der sozialen Unterschicht in den Städten und auf dem bäuerlichen Lande.

So ist es zu verstehen, wenn die Tschechen dieselben «barocken» Jahrhunderte, die mit der Bautätigkeit des Adels und der Jesuiten das Gesicht der Hauptstadt Prag und zahlloser Städte und Dörfer so reich prägten, dennoch als «Zeit der Finsternis» betrachteten. Was die Musik betrifft, blühte das Volkslied, das dörfische Volksmusizieren, weiter, und in der Kunstmusik, deren Mäzenaten der Adel und die Kirche waren, produzierte das Land eine Fülle von Talenten – mehr, als es beschäftigen konnte. Aber einen spezifischen Eigencharakter konnte dieses berühmte «böhmische Musikantentum» (das immer auch Deutschböhmen einschloß) nicht gewinnen; es fehlte an einem stilbildenden Zentrum. Das erste, sogenannte «Nationaltheater» in Prag, 1783 von dem zum böhmischen Altadel gehörenden Grafen Nostitz gegründet – es steht heute noch, dicht neben der Karls-Universität, ruhmreicher Schauplatz der Uraufführung von Mozarts «Don Giovanni» –, war bezeichnenderweise ganz an deutschen Idealen orientiert. Das Volk sollte nach dem Widmungswillen des Grafen «an würdiger Stätte und in würdigem Rahmen die Werke deutscher Meister in deutscher Sprache» pflegen.

Den Begriff des «Böhmischen» konnten auch die Tschechen damals gar nicht anders verstehen denn als deutsch-tschechische Kultursymbiose. Erst 1823 erklang das erste Singspiel, Joseph Weigls «Schweizerfamilie», in tschechischer Sprache, drei Jahre später das erste von einem Tschechen komponierte; doch dieser «Drahtbinder» («Dráteník») von František Škroup hielt sich ganz im Stil des Deutsch-Wiener Singspiels, wie auch seine anderen Bühnenstücke. Selbst das Lied «Kde domov můj» aus Škroups Singspiel «Fidlovačka» [Die Kirchweih], das in der Tschechoslowakischen Republik zur offiziellen Nationalhymne erhoben wurde, ist weniger «typisch tschechisch» als romantisch im deutschgeprägten Zeitstil. Noch Smetana, der ja seine Bildung aus deutschen Schulen beziehen mußte und erst im Alter gut tschechisch schreiben lernte, fand gar nichts dabei, daß gerade seine betont vaterländischen Opern «Dalibor» und «Libuše» deutschsprachige Libretti des Österreichers Adolf Wenzig zur Grundlage hatten.

Damals, als Smetana die ersten wirklich tschechischen Opern schuf, war der Prozeß der nationalen und kulturellen Wiedergeburt seines Volkes bereits voll im Gange. Sie ging von der gefährdeten Grundlage, von der Sprache aus. Herders Wiederentdeckung der Schätze europäischer Volksdichtung («Stimmen der Völker») strahlte mächtig auf Böhmen aus, seine Aufwertung der «sanften Slawen» stärkte das Selbstbewußtsein der tschechischen Intelligenz. Josef Dobrovský legte um 1800 – auf deutsch – die Grundlagen einer Sprachlehre des neuzeitlichen Tschechisch und begründete die tschechische Slawistik, Josef Jungmann erforschte und kodifizierte den Reichtum der bisher von den Gebildeten verachteten tschechischen Sprache, Dichter wie der jung verstorbene Romantiker Karel Hynek Mácha, Jan Kollár, František Ladislav Čelakovský, Josef Kajetán Tyl bereicherten sie durch Lyrik, Roman und Schauspiel, der Historiker František Palacký weckte den Stolz auf eine glücklichere, ruhmreiche Vergangenheit seiner Nation – ein Stolz, der vorher schon (1817) abwegige Blüten getrieben hatte: der Student Václav Hanka, bedrückt darüber, daß keine Dokumente alttschechischer Heldensaga vorlagen, gab raffiniert gefälschte mittelalterliche Handschriften heraus, an denen sich Generationen von Tschechen begeisterten, bis Tomáš Garrigue Masaryks unbestechliche Wissenschaftlichkeit sie endgültig entlarvte.

Stärker als die Ideen der Grande Révolution, die vom Metternich-Regime erstickt wurden, wirkte der in den napoleonischen Befreiungskriegen von Deutschen entzündete Funke nationalen Empfindens bei den Tschechen; so gründete Miroslav Tyrš nach dem Vorbild des «Turnvaters» Jahn den Turnerverband «Sokol». Auch kulturpolitisch orientierte sich die tschechische Wiedergeburt des Vormärz vor allem an deutschen geistigen Bewegungen: philosophisch an Kant und Hegel, literarisch an

Goethe, Schiller und den Romantikern, musikalisch an den Klassikern Mozart und Beethoven, später an den «Neudeutschen» Wagner und Liszt, nicht zu vergessen das begeisternde Vorbild der volkstümlichen Oper Carl Maria von Webers, der ja einige Jahre als Kapellmeister an jenem Nostitzschen Nationaltheater in Prag wirkte.

Eine Welle des nationalen Enthusiasmus ging in der ersten Hälfte des 19. Jahrhunderts durch das tschechische Bürgertum. Es war «erwacht» und durch die wirtschaftliche Entwicklung der keimenden Industrialisierung gegenüber der grundherrschaftlichen Autokratie des Landadels erstarkt. Und es hatte viel aufzuholen, nämlich zwei Jahrhunderte der «Finsternis». Man begann zu gründen: bürgerliche Vereine, Gesangsvereinigungen, Akademien zur Pflege öffentlicher Konzerte. Ehe sich die Wege der Tschechen und der Deutschen in Böhmen antagonistisch trennten, zumindest bis zur Revolution von 1848/49, verlief die Wiedergeburt der Tschechen unter dem Vorzeichen eines «Bohemismus» ohne alle chauvinistischen Akzente. Für die Glorie böhmischer Heroengeschichte begeisterten sich, außer den Tschechen, auch der Deutschböhme Karl Egon Ebert und der Österreicher Franz Grillparzer, der Libussa-Verherrlicher. In der tschechischen Musik des Vormärz zeigen sich weder bei dem schon genannten Singspielkomponisten Škroup noch bei dem produktiven Verfasser tschechischer Chöre, Pavel Křížkovský, nationalistische Züge, freilich ebensowenig national originelle.

Dies war die Situation, die, trotz dem Altersunterschied, Dvořák und Smetana fast gleichzeitig vorfanden, als sie um die Jahrhundertmitte ihre Tätigkeit in Prag begannen. Man muß ihre Voraussetzungen kennen, um zu verstehen, warum die musikalisch hochbegabten Tschechen erst so spät mit kraftvoller Eigenstimme ins Weltkonzert eintraten, und um zu ermessen, wie hoch sich schöpferisches Genie über die mittelmäßigen Umstände der Zeit erheben mußte, um seine Mission zu erfüllen.

JUGEND UND LEHRJAHRE

Wo ein schöpferischer Künstler geboren ist, muß durchaus nicht von lebensbestimmender Bedeutung sein; was hat Gluck mit der Oberpfalz, was Beethoven mit dem Rhein zu tun? Bei Dvořák jedoch wirkte die Landschaft der Kindheit unzweifelhaft als Schicksal. Zwei Heilige Berge verehrt die Saga der Tschechen. An der südlichen Pforte Prags senkt sich der Felsen des Vyšehrad zur Moldau herab, heute für den Autoverkehr untertunnelt, in Vorzeiten Sitz der legendären Ahnherrin Prags, der Libussa; oben, auf dem Friedhof vieler prominenter Tschechen, ruhen der symphonische Vyšehrad-Verherrlicher Smetana wie auch Dvořák. Siebzig Luftlinienkilometer weiter nördlich ragt der Říp, der Georgsberg, aus der zur Ebene besänftigten Landschaft Mittelböhmens empor, ein einsamer Solitär. Von seinen Hügelhöhen soll der Altvater Čech, an der Spitze seines Stammes aus dem Osten kommend, die neue Heimat der Tschechen überschaut und entschieden haben: hier ist gut sein. Dazwischen, geographisch sogar ziemlich genau in der Mitte, etwa dreißig Kilometer nördlich von Prag und gleichfalls an der Moldau, liegt Dvořáks Heimat, das Dorf mit dem für Deutsche unaussprechlichen Namen Nelahozeves[3], seinerzeit, im zweisprachigen Alt-Österreich, auch Mühlhausen genannt.

Das Flußpanorama des Dorfes wird vom vierklötzigen Renaissanceschloß des Fürsten Lobkowitz überragt. Darunter eine gotische Pfarrkirche, einfache Bauernhäuser, mit dem Haus Nr. 12 als einem der stattlichsten: Wohngebäude und ein ebenerdiger Laden, durch einen Torbogen verbunden. Hier kam Antonín Dvořák am 8. September 1841 zur Welt. Davor die Moldau, kein imposanter Strom, ein träge fließender, verkehrsarmer, schmaler Fluß; ringsum gelbe Felder mit Weizen und Korn, Wäldchen, Obstgärten, flaches Land. Keine aufregende, keine heroische Landschaft, aber eine sehr humane, gemütliche, seit alters her fruchtbar und zivilisiert, dörfisch dicht besiedelt, zu nachbarlichem Miteinander einladend. Dvořák liebte sie. Er wuchs in ihr auf und fand sie als reifer Mann, der sich einen Landsitz leisten konnte, im südböhmischen Dorf Vysoká gleichartig wieder. Anders als Smetana, der intellektuelle Städter, den nur das Unglück der Ertaubung in die Provinz verbannte, ist Dvořák, der Wahl-Prager, im Grunde ein Land-Mann geblieben, auch als Professor in New York ein Frühaufsteher, nach Bauernart.

Dvořák war das älteste von neun Kindern des Gastwirts und Fleischers František Dvořák und seiner Frau Anna, geborener Zdeňková. Seit Generationen waren die Dvořáks in dieser Gegend Gastwirte und Fleischer gewesen, Berufe, die sich ja ergänzen. Von der Mutter her, deren Vater Verwalter beim Fürsten Lobkowitz gewesen war, kam ein Hauch von Respektabilität ins Gasthaus. Was Anna ihrem berühmten Sohn vererbte, weiß man nicht, es gibt nicht einmal vergilbte Bilder von ihr. Hinge-

*Nelahozeves. Stich um 1840–50*

*Das Geburtshaus*

gen zeigen alte Fotos von František Dvořák (1814–94), daß Antonín, wie einst Goethe, «vom Vater die Statur» hatte: den slawischen Typus mit dem breiten Gesicht, den tiefliegenden dunklen Augen unter buschigen Augenbrauen – und auch die psychische Statur. Vater Dvořák war ein bäuerlicher, sehr praktischer Mensch, keinesfalls ein amusischer. Er spielte gut Zither und verdiente sich in seinem späteren, umgetriebenen Leben sogar damit ein Zubrot in Zeiten der Not – wie denn überhaupt das Musizieren der Familie Dvořák im Blut lag. Zwei Onkel waren als tüchtige Geiger und Trompeter bekannt.

Der kleine Antonín – zu Hause rief man ihn übrigens, ein Zeichen dafür, wie fremd den einfachen Tschechen damals noch nationalistische Gesichtspunkte waren, mit der deutschen Namensform Anton – wuchs mit ländlicher Musik auf. Volkslieder wurden damals noch nicht «gepflegt», weil sie lebendig von Mund zu Mund gingen; in der Kirche wurde im Chor gesungen, in den Wirtshäusern zum Tanz aufgespielt. Schon der Schulbub Dvořák fiedelte da auf der Geige mit. Er lernte das Instrument frühzeitig beim Lehrer der einklassigen tschechischen Volksschule, Joseph Spitz[4], der auch ein tüchtiger Musiker war und, wenn man dem Zeugnis seiner Tochter glauben kann, «alle Instrumente spielte». Vater Dvořák freute sich über die musikalische Begabung seines Ältesten und förderte sie. Freilich dachte er gar nicht daran, ihn etwa Berufsmusiker werden zu lassen. Vielmehr schickte er den Dreizehnjährigen in das nahe Städtchen Zlonice zu einem doppelten praktischen Zweck: Antonín sollte dort das Fleischerhandwerk und zugleich richtig deutsch lernen.

So verbrachte Dvořák die folgenden beiden Jahre, bei seinem Onkel lebend, als Fleischerlehrling und erhielt auch das Gesellenzeugnis: ganz gewiß der einzige große Komponist der Musikgeschichte, der ein gelernter Metzger war. Aber aus einem ganz anderen Grund wurden die Jahre in dem Städtchen Zlonice – dem er später mit seiner ersten Symphonie, genannt *Die Zlonitzer Glocken*, huldigte – für seinen Lebensweg bestimmend. An der dortigen deutschen Fortbildungsschule fand er in seinem Deutsch-Lehrer Anton Liehmann den entscheidenden Förderer seines musikalischen Talents. Er lernte bei ihm, der selber viele Instrumente beherrschte, sich als Organist an der schönen spätbarocken Dientzenhofer-Kirche um hohes Niveau im Stil der Wiener Klassiker bemühte und selber für sein Liebhaberorchester komponierte, Orgel, Klavier und Bratsche spielen, wurde in Musiktheorie unterwiesen und zum erstenmal mit großer Musik, besonders mit Beethoven, vertraut gemacht. Liehmann, der aus dem deutschböhmischen Norden des Landes stammte, war nach dem Zeugnis seines berühmtesten Schülers *ein guter Musiker, aber er war jähzornig und unterrichtete noch nach der alten Methode: Wer etwas nicht spielen konnte, bekam soviel Rippenstöße, als Noten auf dem Papier waren*[5]. Dvořák nahm ihm diese autoritäre Didaktik nicht im mindesten übel, er war ihm vielmehr aufrichtig dankbar. In der Figur des

*Das Gasthaus, von Dvořáks Vater seit 1854 gepachtet*

Kantors Benda in der Oper *Der Jakobiner* – dessen Tochter heißt Terynka, wie Liehmanns eigene Tochter – setzte Dvořák seinem strengen Lehrer ein liebevolles Denkmal, ihm und all den kleinen Dorfkantoren, die seit Menschengedenken durch ihr handwerklich tüchtiges Musikmachen dafür sorgten, daß Böhmen das «Konservatorium Europas» wurde; wobei es wie Ironisierung jedweden nationalen Chauvinismus wirken muß, daß eben dieses reale Vorbild des von Dvořák künstlerisch verewigten «Český kantor» (des tschechischen oder, je nach Sprachgebrauch, böhmischen Kantors) der deutschstämmige Liehmann war.

Für Dvořák selber lag darin überhaupt kein Problem. Er lernte bei Liehmann Deutsch und Musik, Noten und Töne freilich besser. Weshalb ihn auch Vater Dvořák, der inzwischen mit seiner Familie nach Zlonice übergesiedelt war, neuerlich verschickte, diesmal mit Deutschlernen als Hauptziel, in das rein deutschsprachige nordböhmische Städtchen Böhmisch-Kamnitz. Er kam zu einer deutschen Müllersfamilie, deren Sohn «im Austausch» – das war ein zweckmäßiges, noch im 20. Jahrhundert in Böhmen praktiziertes Verfahren – zu den Dvořáks kam. Dem jungen Antonín gefiel es gut unter den deutschen Böhmen. Er besuchte ein Jahr lang die deutsche Schule und fand in Franz Hanke, dem Regens chori der dortigen Dekanatskirche, «einen zweiten Liehmann»[6], der ihn in Orgel und Theorie weiter ausbildete und verständnisvoll förderte.

Als Dvořák heimkehrte, erhob sich die Frage nach seinem Berufsweg.

*Der Vater:*
*František Dvořák*
*(1814–94)*

Der Vater bestand auf dem erlernten Metzgerhandwerk, Liehmann und Onkel Zdeněk bestürmten ihn, Antoníns versprechendes Talent – er hatte inzwischen auch ein wenig komponiert, darunter einen «Franz-Joseph-Marsch» – in Prag auf professionelles Niveau führen zu lassen, und schließlich gab der Vater nach. Wenn schon Musiker, dann sollte er etwas Praktisches, Solides werden: Organist. So fuhr der Sechzehnjährige im

17

*Anton Liehmann*

*Zlonice*

Jahre 1857 auf dem Leiterwagen eines Bauern (das kam billiger als die Eisenbahn) nach Prag, beglückt darüber, daß er nicht Gastwirt und Fleischhauer werden mußte, voller Hoffnungen und Erwartungen.

Prag war damals durchaus nicht das, was man sich heute unter einer Metropole vorstellt. Die Hauptstadt Böhmens, baulich ein Kleinod mit ihren gotischen Türmen und barocken Palästen, stand ganz im Schatten der Kaiserstadt Wien, mit der sie damals noch nicht einmal durch eine Eisenbahn verbunden war. Eine altertümliche Provinzstadt, wo die Juden noch im Getto lebten, wo die Mehrzahl der Bürger, die Kaufleute, die Beamten, die Gebildeten überhaupt deutsch sprachen, wo die beginnende Industrialisierung nur in den Vororten das tschechische Element verstärkte, wo alle höheren Schulen noch deutsch unterrichteten. Der versöhnliche «Bohemismus» hatte freilich mit der brutalen Niederkartätschung der Revolution von 1849 durch den habsburgischen General Windischgrätz seinen Todesstoß empfangen. An der Frankfurter Paulskirche schieden sich bereits die Geister. Die Tschechen setzten nicht nur auf die deutsche Demokratie, sondern auf ein erneuertes böhmisches Staatsrecht im Rahmen eines habsburgischen Föderalismus, sie sahen sich durch die Unterdrückung der Revolution enttäuscht und begannen eigene Wege zu gehen. Ein Bekenntnis wie das des einflußreichen Aristokraten Graf Thun, des Abkömmlings jenes alten Adelsgeschlechts, das im Dreißigjährigen Krieg die protestantische, antihabsburgische Partei angeführt hatte, «Ich bin weder Deutscher noch Tscheche, ich bin Böhme!», war nach dem Einschnitt von 1849 immer anachronistischer geworden. Den jungen Dvořák kümmerte die nationalistische Gärung so wenig wie die Tatsache, daß die Orgelschule im altertümlichen Arkadenhof in der Konviktsgasse auf deutsch unterrichtete. Er wollte einfach ein guter Musiker werden.

Diese Orgelschule genoß seit langem Ansehen als zentrale Ausbildungsstätte für Kirchenmusiker. Dvořák besuchte sie zwei Jahre lang, daneben die deutsche Fortbildungsschule des Franziskanerklosters zu Maria Schnee. Sein erster Direktor war der Deutsche Karl Franz Pitsch, nach dessen Tod der Tscheche Josef Krejčí, der jedoch – kurios, aber bezeichnend für die Situation – immer mehr deutschsprachige Schüler favorisierte. Das drückte sich in Dvořáks Abschlußzeugnis aus: «Vorzügliches, doch fast mehr praktisches Talent. Praktisches Wissen und Können scheint sein ganzes Streben zu sein; in der Theorie leistet er weniger . . .» – woran sicher Dvořáks geringe deutsche Sprachkenntnisse mitschuld waren. Jedenfalls lernte er tüchtig Orgelspielen, wurde in Generalbaß, Harmonielehre ausgebildet und vertiefte seine Kenntnis der Klassiker Bach, Händel und Beethoven.

Dvořák wohnte zunächst in der kinderreichen Familie seines Verwandten, des Schneidermeisters Jan Plíva, später bei seinem Onkel Václav Dušek. Es waren Jahre der bitteren Armut. Er hatte kein Klavier zur

*Prag: der Graben um 1860*

Verfügung. Sein Freund Karel Bendl, vermögender Familie entstam-
mend, half ihm aus, und als Bratschist im Orchester des deutschen
Cäcilienvereins bereicherte Dvořák seine Literaturkenntnis. Dessen Dirigent Anton Apt begnügte sich nicht mit der alttraditionellen Prager
Mozart-Verehrung; durch ihn lernte der Jüngling Dvořák die deutschen
Romantiker, Liszt und Wagner kennen, durch ihn wurde er ein lebens-
langer Schubert-Bewunderer: Schubert und Beethoven waren die Inspi-
ratoren des Symphonikers Dvořák. Die eigenen Kompositionsversuche

des Orgelschülers, die schulmäßigen Fugen, die Klavierpolken, lassen davon noch wenig merken. Wie überhaupt Dvořák mit sehr gemischten Gefühlen auf jene Jahre des professionellen Lernens zurückblickte. «Es scheint, daß ihm die ganze Orgelschule eher als Mittel diente, die formale Berechtigung zu dem Titel eines Musikers zu erlangen, als daß sie ihm der eigentliche Weg zum Komponistenberuf gewesen wäre. Dvořák unterschätzte zwar nie die solide theoretische Bildung, die er an der Orgelschule erworben hatte, die höchste musikalische Erkenntnis erzielte er

*Die Dekanatskirche in Böhmisch-Kamnitz*

aber außerhalb der Schule», schreibt Dvořáks Freund Josef Zubatý.[7]

1859 absolvierte Dvořák als Zweitbester die Orgelschule. Seine Ausbildung zum Musiker war beendet; nun galt es, als Musiker das Brot zu verdienen. Auf Unterstützung von zu Hause konnte er nicht lange zählen, sein Vater war in wirtschaftliche Schwierigkeiten geraten und nach Kladno übergesiedelt, wo es ihm auch nicht besser ging. Dvořák hoffte auf eine bescheidene Anstellung als Organist an einer der vielen

Prager Kirchen, bekam aber keine. Dennoch blieb er in Prag. Sein Entschluß stand fest: er wollte sich als Musiker durchschlagen. Seltsam verzahnte sich seine Karriere mit der Smetanas. Als Dvořák, der Schüler, erstmals nach Prag fuhr, verließ der Virtuose und Dirigent Smetana die Stadt und ging nach Göteborg; als dieser nach fünf Jahren heimkehrte und dem tschechischen Musikleben die entscheidenden, zukunftsweisenden Impulse gab, hatte Dvořák gerade op. 1 und 2 zu Papier gebracht, seine Laufbahn als Komponist begonnen – in aller Stille, ohne daß jemand davon wußte.

*Die Organistenschule im Konvikt*

Der Junge Antonín war musikalisch begabt, aber durchaus kein Wunderkind gewesen. Der junge Mann, solide ausgebildet, übersprudelnd von Einfällen, frühzeitig handwerksicher und außerordentlich schnell schreibend, vielfältig angeregt durch das aufblühende tschechische Musikleben der sechziger Jahre, wurde keinesfalls als Komponist ein schneller Eroberer, sondern ein erstaunlicher Spätreifer. Nicht weniger als zwölf Jahre seit dem Abschluß der Orgelschule vergingen, ehe die Öffentlichkeit überhaupt davon erfuhr, daß er komponierte, und noch zwei dazu, ehe er seinen ersten Erfolg feiern konnte. Dabei hatte Dvořák in eben diesen Jahren aber Hunderte Partiturseiten mit seiner penibel säuberlichen Notenschrift gefüllt, ausschweifend lange Symphonien und Opern darunter. Viele davon verbrannte er; er war gewiß nicht das, was man einen intellektuellen Musiker nennt, aber ein Komponist von unbestechlicher Redlichkeit und Selbstkritik – außerdem einer von so produktivem Reichtum, daß er es sich leisten konnte, Partituren zu verfeuern, zu denen er nicht mehr stand.

Diese zwölf Jahre sind äußerlich Jahre der dürftigsten Armut, innerlich eine Zeit des Sturms und Drangs, in der, auf scheinbaren Abwegen, sich eine Persönlichkeit bildete. Da Dvořák kein besoldetes Organistenamt bekommen konnte, trat er als Bratscher in das kleine Privat-Orchester des Kapellmeisters Karel Komzák ein. Man spielte Walzer, Polken, Märsche und Potpourris in Gastwirtschaften, Anfang der sechziger Jahre wurde das Orchester ans Interimstheater engagiert, und Dvořák wurde dessen Erster Bratschist (einer von zweien – mit nur 34 Mann mußten Opernaufführungen bestritten werden). Dvořáks Salär überschritt 348 Gulden jährlich nicht – zu wenig zum allerbescheidensten Leben. Smetana, seit 1866 Kapellmeister des Interimstheaters, bezog immerhin 1200 bis 2000 Gulden, und das war keinesfalls ein fürstliches Einkommen. Dvořák mußte dazuverdienen: durch private Klavierstunden, durch Aushilfen als Organist. Dennoch gab er selbst diese kümmerliche Gehaltsbasis des Orchesterbratschisten nach elf Jahren auf und begnügte sich mit den noch kümmerlicheren 138 Gulden, die das Organistenamt an der St. Adalberts-Kirche eintrug; doch dafür erkaufte er sich die Befreiung vom Orchesterdienst und Freizeit fürs Komponieren.

Man kann sich die Diskrepanz zwischen äußerlicher Armut und innerer Bereicherung in diesem Jahrzwölft von Dvořáks Lebensweg nicht kraß genug vorstellen. Was war das für ein Mensch? Eine Fotografie von 1865 zeigt den vierundzwanzigjährigen Dvořák als hübschen jungen Mann mit schneidigem Schnurrbart (noch ohne Kinnbart). Er war übermittelgroß, 178 Zentimeter, von kräftiger Statur, mit dunkelbraunen, lebhaften Augen. Er gab sich wortkarg und zurückhaltend, konnte aber, wenn es um Musik ging, auch sehr temperamentvoll werden. «Dvořák

*Dvořák, um 1865*

hatte einen hitzigen, jähzornigen, ungeduldigen Charakter und wich den Kollegen, die ihn deshalb neckten, aus . . . Wegen seiner Armut konnte er sich kein eigenes Klavier leisten und ging jeden Samstag zu Herrn Kváča Klavier spielen, wovon Frau Kváča keine große Freude hatte, da er ihr immer den frischgewaschenen Fußboden beschmutzte. So mietete er sich denn Wohnungen, wo ein Klavier zur Verfügung stand; das nutzte er manchmal wieder allzusehr aus. Zum Beispiel stand er auf, wenn ihm in der Nacht irgendein Gedanke einfiel; um ihn nicht zu vergessen, spielte er ihn auf dem Klavier durch, ohne Rücksicht darauf, daß die übrigen Bewohner schliefen. Darum wechselte er auch oft die Wohnungen. Auch als er mit Anger zusammenwohnte, besetzte er sein Klavier manchmal den ganzen Tag lang.» So erinnert sich ein Orchesterkollege.[8] Jener Mořic Anger wurde später Kapellmeister am Interimstheater, mit ihm zusammen, und mit noch drei Musikern, teilte Dvořák vorübergehend eine Boheme-Wohnung am Heuwaagsplatz. Bei seinen Verwandten Dušek war er wegen des Kindertrubels ausgezogen; später kehrte er wieder dorthin zurück. Der Kusine Anna verdanken wir Auskünfte über des jungen Dvořák Lebensstil. «Bei uns hatte Antonín das Frühstück, zu Mittag ging er ins Gasthaus, zum Nachtmahl ebenfalls. Von seinem Schneider hatte er ein Klavier geliehen (um 2 fl. monatlich), gegenüber stand ein Tisch, dahinter das Bett. Oft komponierte er gleich, nachdem er aufwachte – im Bett, und gleich bei der Entstehung des Gedankens spielte er sich ihn – auf der Bettzieche. Schrieb er bei Tische, hielt er den Federkiel zwischen den Zähnen und mit den Fingern spielte er Klavier auf dem Rock – oder auf den Beinen . . . Meine Eltern waren fromm und beteten kniend früh und abends. Die Mutter forderte auch den jungen Dvořák auf, sein tägliches Gebet kniend zu verrichten. ‹Tante, ich bete am liebsten dort am Fenster, wenn ich auf das Grün und zum Himmel blicke!› Nie hörte ich meinen Vetter roh, frivol oder zweideutig sprechen. Er war durchaus vornehm, sittsam und fehlerfrei. Nie kam er spät nach Hause, Mädchenbekanntschaften, Liebesabenteuer hatte er nicht, und in der Familie sagte man von ihm: ‹Anton fürchtet die Frauenzimmer.›»[9]

Hier irrte Kusine Anna. Zwar gab sich Dvořák selber über sein Liebesleben so wortkarg wie über alles Persönliche, aber zumindest zwei «Liebesabenteuer» des jungen Mannes sind verbürgt. Bei der Tochter Aninka des Orchesterkollegen Matějka suchte er Trost für die Enttäuschung, die ihm sein Werben um Josefina Čermáková eingebracht hatte. Er war der sechzehnjährigen Josefina, einer talentierten Sopranistin am Interimstheater, als Klavierlehrer in Berührung gekommen, er verehrte sie in den Grenzen seiner katholischen Sittsamkeit leidenschaftlich, fand aber keinerlei Gegenliebe; sie zog den Aristokraten Graf Kaunitz (Kounic) dem armen Musikanten vor. Dvořák tröstete sich später, wie einst Mozart, mit der jüngeren Schwester Anna (1854–1931). Sie war gleichfalls seine Schülerin, sang einen schönen Alt und wurde 1873 seine Frau.

*Anna Čermáková (sitzend) mit ihrer Schwester Josefina*

*Ludwig van Beethoven. Gemälde von Ferdinand Waldmüller, 1823*

Der fromme Katholik Dvořák, der täglich in die Frühmesse ging, hatte sie nicht mönchisch verehrt, das erste Kind kam fünf Monate nach der Hochzeit zur Welt; Anna war ihm über dreißig Jahre lang eine treue, liebevolle Lebensgefährtin.

So kleinbürgerlich unsensationell wie reich und aufregend an geistigen Ereignissen verliefen die Reifejahre des werdenden Komponisten Dvořák. Die sechziger Jahre wurden das heroische Jahrzehnt der tschechischen «Wiedergeburt». Die Uraufführung von Smetanas «Verkaufter Braut» im Jahre 1866 – zuerst ein Mißerfolg, bald als nationales Kleinod erkannt – markiert das schöpferische Zentrum. Wichtige kulturpolitische Entwicklungen waren vorausgegangen. Die habsburgischen Niederlagen auf dem italienischen Kriegsschauplatz (Schlacht von Solferino, 1859) hatten auch für die Tschechen Folgen. Absolutismus und Zensur mußten gelockert werden, ein halbwegs liberalisiertes Pressegesetz ließ die Gründung von tschechischen Zeitungen und Zeitschriften zu, von denen die «Národní listy» das für Jahrzehnte maßgebende bürgerliche Organ (mit Smetana als musikalischem Kulturpolitiker) und «Dalibor» die wegwei-

send fortschrittliche – also für Smetanas Reformen engagierte – Musik-
zeitschrift wurde. Es war eine wahre Gründerzeit. 1861 wurde der (bis
heute repräsentative) Gesangsverein «Hlahol» gegründet, bald darauf
der nationalistische Turnerverband «Sokol», die «Umělecká beseda»
[Künstlerische Vereinigung] für die Veranstaltung von Konzerten. 1862
zogen die Tschechen aus dem alttraditionellen deutschen Ständetheater,
wo sie nur tageweise geduldet waren, aus und in das neuerbaute Pro-
zatímní divadlo [Interimstheater] am Moldaukai ein.

Dieses stand nicht weit vom Nationaltheater und ist längst abgerissen,
wie die anderen beiden Theaterbauten jener Zeit, das Neustädter Theater
und das Neue tschechische Theater jenseits des Korntors, beide Stätten
historischer Smetana-Premieren. Im engen Orchestergraben des Interimstheaters fiedelte der Bratschist Dvořák mit und erlebte Stationen der
tschechischen Operngeburt. Ein eigenes Theater zu haben, das war damals nicht etwa ein beiläufiges bürgerliches Vergnügen, es war eine
nationale Angelegenheit. Schon 1850 hatte sich ein Komitee gebildet und
folgendes Programm verkündet: «Eine tschechische Bühne, das ist das,
was unsere Nation braucht . . . Ein solcher Tempel Thalias, in dem das
Leben mit allen seinen hellen und schattigen Seiten vor Augen tritt, wo
die menschliche Narrheit durch unbarmherzigen Spott gegeißelt und von
der Wahrheit geschieden wird, wo sich höhere Macht stets durch den
Sieg der Wahrheit und des Rechtes bezeugt, wo endlich die Geschichte
mit allen ihren Großen in vollem Leben als Lehrerin der Menschheit
auftritt. So ein Tempel ist zweifellos die wirksamste Schule des Lebens.»[10] Mit der Errichtung des Interimstheaters war das Ziel noch nicht
erreicht. Das Theater mit seinen drei renaissancistischen Logenrängen
war klein – und eben: provisorisch. Besonders Smetana, der es 1866
endlich erreicht hatte, hier als Kapellmeister zu wirken, wurde nicht
müde, für den Bau eines repräsentativen Nationaltheaters zu werben,
und als 1868 endlich dessen Grundstein gelegt wurde, beging man das
Ereignis wie einen Nationalfeiertag; ein Festzug bewegte sich durch die
ganze Innenstadt.

Dvořák nahm an alldem unmittelbaren Anteil, aber eben in der unter-
geordneten Position des kleinen Orchesterbratschisten. Seine ersten
Kompositionen, von den frühen Tanzstücken abgesehen, sind Kammermusik und Symphonien, ohne jede Hoffnung auf Aufführungen geschrieben (und tatsächlich auch nicht aufgeführt), aber instinktsicher
schon frühzeitig den Weg beschreitend, auf dem Dvořák sein Größtes
erreichen sollte. Op. 1 war das *Streichquintett* von 1861 und op. 2, im
nächsten Jahr folgend, das erste seiner vierzehn Streichquartette, in
A-Dur. Nicht der Orgel vertraute der gelernte Organist seine ersten
selbständigen Gedanken an; der objektive Klang der Orgel, die polypho-
ne Struktur ihrer typischen Musik stand ihm ferner als der individuelle
Ton der Streichinstrumente und deren eingeborene Melodie. Seine le-

*Das Interimstheater in Prag*

benslange Verehrung für Mozart, Beethoven und Schubert, die Großmeister des Streichquartetts, schlägt sich in jener frühen Kammermusik
Dvořáks nieder. *Bohu díky!* [Dank sei Gott] – die fromme Formel, die
Dvořák später noch oft hinter seine Partituren setzte, steht zum erstenmal hinter dem op. 2.

Beethovens erhabenes Vorbild prägt auch die erste Symphonie, die
Dvořák *Die Zlonitzer Glocken* nannte. Schon die Tonarten der vier Sätze
– c-moll, As-Dur, c-moll, C-Dur – gemahnen an Beethovens Fünfte; die
Weitschweifigkeit, die schier kein Ende finden will, eher an Schuberts
«himmlische Längen». Ungezügelter gibt sich diese Musizierseligkeit im
*Cellokonzert* (mit Klavier) desselben produktiven Jahres 1865. Die innere

Bewegung über das unglückliche Liebeserlebnis mit Josefina Čermáková ließ Dvořák in die Intimität der Lied-Lyrik flüchten. Die *Zypressen*, sein erster Liedzyklus, im Sommer 1865 komponiert, vertonen achtzehn romantisch-larmoyante Gedichte des Lyrikers und Romanciers Gustav Pfleger-Moravský, schlicht in der Melodik, primitiv im Klaviersatz; Dvořák hing, sicher aus Gefühl, an den Liedern und verwertete später mehrere davon anderweitig – Ökonomie eines Verschwenders. Das fruchtbare Jahr 1865 erbrachte noch eine zweite Symphonie, in B-Dur. Abermals für die Schublade geschrieben, von Dvořák sogar zum Verfeuern bestimmt (aber durch Zufall gerettet), bereits persönlicher im Verschmelzen des Wienerischen mit dem Böhmischen. Šourek nennt sie Dvořáks «Pastorale», während er die erste mit Beethovens «Schicksals-Symphonie» vergleicht.

Die 1869 und 1870 folgende Trias der *Streichquartette in D-Dur, B-Dur* und *e-moll* gibt Kunde von dem aufwühlendsten Erlebnis der Sturm- und Drang-Jahre Dvořáks. Die an der Wiener Klassik wie am tschechischen Volkslied orientierte Diatonik wird chromatisch angereichert, eine Art von kammermusikalischer «unendlicher Melodie» verweist auf Wagner und Liszt. Es gärte in Dvořák. Die Bewunderung der «Neudeutschen» verhinderte nicht, daß er den dritten Satz des *D-Dur-Quartetts* auf der Melodie des slawisch-kämpferischen Liedes «Hej, Slo-

*Grundsteinlegung zum Nationaltheater, 1868*

*Richard Wagner*

vané» aufbaute, viel demonstrativer als einst Beethoven, der für das
zweite der sogenannten «Rasumowsky-Quartette» im Allegretto ein
«Thème russe» wählte; als inoffizielle Hymne der revolutionären Polen
– «Jeszce Polska niezgyniela» [Noch ist Polen nicht verloren] – hatte die
Weise für Dvořák emotionellen Inhalt. Viel wesentlicher für seine Musik
war die neue stilistische Komponente der Quartette: die «neudeutsche».

Im Jahre 1863 dirigierte Wagner in Prag eigene Werke im Konzertsaal:
ein Ereignis für die Stadt, ein Erlebnis für Dvořák. Er spielte im Orchester
mit, als Liszts Oratorium «Die heilige Elisabeth» unter Smetanas Leitung

aufgeführt wurde. Er lernte am beneideten deutschen Theater die damals revolutionären Opern Wagners, den «Fliegenden Holländer», «Tannhäuser», «Lohengrin», schließlich die «Meistersinger», kennen und war fasziniert. Er war teilnehmender Zeuge am inneren Kampf der konservativen Alt-Tschechen, repräsentiert von dem einflußreichen Politiker František Ladislav Rieger, gegen die – musikpolitisch von Smetana angeführten – Jung-Tschechen. Es ging um eine eigenständige tschechische Oper; die Alten stellten sie sich als ein Potpourri von volkstümlichen Melodien vor, Smetana, der «Wagnerianer», widerlegte sie schöpferisch, indem er in seinen Opern (die Tschechen nennen sie «Zpěvohry», wörtlich: Singspiele) unerschütterlich auf Wagners Errungenschaften schwor. Selbst die volkstümliche «Verkaufte Braut» mit ihren liedhaften Nummern wurde zuerst als untschechisch abgelehnt, Smetanas «Dalibor», die erste große heroische Oper der Tschechen, fiel durch und trug ihrem Autor für Jahre den absurden Ruf eines «Germanisators» ein, eines Verräters an der wahren tschechischen Sache.

Dvořák, der kleine Bratschist, verehrte aufrichtig den älteren Meister, unter dessen Taktstock er musizierte, auch wenn er ihm vorübergehend, wegen vermeintlich mangelnder Förderung seiner eigenen Oper, grollte. Übrigens trafen sich beide oft am Musikerstammtisch im «Wiener Kaffeehaus» an der Ecke Wenzelplatz–Graben. Wäre Dvořák ein so simpler «Musikant» gewesen, wie das Klischee es will, hätte er es leichter gehabt, wenn ihn schon der Sprung aus dem Orchestergraben auf die schöpferische Musikbühne darüber lockte, ins gängige tschechische Horn zu stoßen und traditionelle Opern zu schreiben, wie es seine Freunde taten: so Karel Bendl, dessen «Lejla», und Karel Šebor, dessen patriotische «Drahomíra» das noch spärliche tschechische Repertoire des Interimstheaters auffüllten. Dvořák aber blieb auch mit seinen Opernerstlingen, ohne im geringsten nach dem Tageserfolg zu schielen, sich selbst und seinen Überzeugungen treu. Im Interimstheater wurde nur tschechisch gesungen; Dvořák hingegen wählte zum Text seiner ersten Oper das Schauspiel «Alfred» des jung verstorbenen Dichters der deutschen Befreiungskriege Theodor Körner, richtete es sich selber dramaturgisch ein und vertonte es in deutscher Sprache – ein Beispiel perfekter Naivität, ohne jede Chance, aufgeführt zu werden.[11] Eine heroische Geschichte aus dem England des 9. Jahrhunderts, wagnerischer Sprechgesang und eher frühromantische Leitmotivik beherrschen die Partitur. Als Kuriosum sei erwähnt, daß das dominante Leitmotiv (besser: die Leitmelodie) des Helden Alfred die Weise der sozialistischen «Internationale» vorwegnimmt.

Die *Alfred*-Partitur blieb in der Schublade. Das entmutigte Dvořák jedoch nicht, es ein Jahr später, 1871, nochmals mit einer wagnerischen Oper zu versuchen. *Der König und der Köhler*, nach einem dilettantischen Libretto des Rechtsanwaltes Bernard Guldener – wie hätte der

*Bedřich Smetana, um 1880*

*Dvořák, 1869*

Bratschist Dvořák literarische Ansprüche stellen können! –, behandelt die märchenhafte Begegnung eines guten großen und eines guten kleinen Mannes; wagnerische Orchestersymphonik, mit den «Meistersingern» als Vorbild, hat sich mit volksliedhaften Weisen zu vertragen. Das Manuskript wurde eingereicht, es kam zu Proben, sie wurden abgebrochen, weil die Aufführenden die Musik als zu schwierig empfanden. Smetana, der wohlwollende Kapellmeister, sollte mit seinem Urteil recht behalten: «Das ist eine ernsthafte Arbeit, voll von genialen Einfällen, aber ich glaube, zur Aufführung wird es nicht kommen.»[12] Dvořák zog das Werk zurück, dickschädlig hielt er aber an dem unzulänglichen Libretto fest und komponierte es von A bis Z neu, diesmal als schlichte Nummernoper, ein Unikum in der Operngeschichte. In dieser Form wurde *Der König und der Köhler* 1874 am Interimstheater uraufgeführt, mit gutem, aber nur temporärem Erfolg.

Die Ouvertüre hatte Smetana schon 1872 in einem Konzert aus der Taufe gehoben. Kurz zuvor war die Öffentlichkeit zum erstenmal davon unterrichtet worden, daß es einen gar nicht mehr so jungen Komponisten namens Antonín Dvořák gab. Der einflußreiche Musikorganisator und Kritiker Dr. Ludevít Procházka hatte die Komposition der Oper *Der König und der Köhler* in der Zeitschrift «Hudební listy» angezeigt. Im selben Jahr 1871 erklang zum erstenmal öffentlich eine Komposition Dvořáks, ein Klavierlied – natürlich aus dem Manuskript. Den reiferen Zyklus von sechs Liedern aus der Königinhofer Handschrift, jener patriotischen Fälschung Hankas (die Dvořák, wie alle seine Zeitgenossen, als echte alttschechische Poesie nahm), ließ Dvořák ohne jedes Honorar drucken.

Jahre des Suchens, Jahre leidenschaftlicher Wagner-Faszination. Unterdes hatte Dvořák, noch 1872, das Chorwerk *Hymnus* komponiert, das später den Durchbruch zum Ruhm und zugleich die Lösung aus dem Wagner-Bann signalisieren sollte. Vergeblich war die ganze Schubladen-Produktion der Sturm- und Drang-Periode durchaus nicht gewesen, so wenig wie das, was Dvořák von der «neudeutschen Schule» gelernt hatte. Ohne das Wagner-Erlebnis wäre Dvořáks Orchester sicher nicht so klangfarbenreich geworden, und schließlich ist es kein Zufall, daß der alte Meister nach den Symphonien neuromantische «Tondichtungen» komponierte. Šourek hat recht, wenn er resümiert: «Wenn es jemandem nach Jahrzehnten seltsam erschien, daß sich der vermeintlich konservative Dvořák in seinen letzten Opern und in seinen symphonischen Dichtungen vielfach auf die reformatorischen Grundsätze von Wagners und Liszts Schaffen stützte, so konnte man gerade in der Zeit seiner schöpferischen Anfänge die Erklärung finden, daß dies kein plötzliches, unvorbereitetes und unlogisches Tun war. Im Licht dieser Erkenntnis erscheinen uns auch die Kompositionen dieser Epoche in einer bestimmten entwicklungsgeschichtlichen Bedeutsamkeit.»[13]

Die Ablehnung seiner Oper *Der König und der Köhler* war für Dvořák
deprimierend, sein unglückliches Liebeserlebnis schmerzlich, seine
Schubladenproduktion nützlich als kompositorische Fingerübung, aber
die völlige Unbekanntheit und Ausgeschlossenheit vom Musikleben
schmerzte selbst einen so bescheidenen, uneitlen Künstler wie Dvořák.
Zwar war sein Schaffensdrang unbezähmbar, er mußte einfach schreiben, einerlei, mit welchen Aufführungschancen; und was das Schubla-
denpapier betraf, so hing er nicht sehr daran. Man wird an die Leichtfer-
tigkeit von Puccinis jungen Bohemiens erinnert, wenn Dvořák selber,
viel später allerdings, berichtet: *Wenn wir sonntags Buchten* (eine böhmische Mehlspeise) *haben sollten, wandte sich das Dienstmädchen stets
vertrauensvoll an mich. Papier zum Feuermachen war bei mir stets zu
haben!*[14] Dvořák hat viel von seiner Frühproduktion vernichtet, zum
Glück doch nicht so viel, wie man ursprünglich annahm.

Bei aller echten oder auch nur vorgetrotzten Gleichgültigkeit muß der
erste Erfolg einer seiner Kompositionen Dvořák doch gewaltigen Auf-
trieb gegeben haben. Das war, im März 1873, die Uraufführung seines
Chorwerkes *Hymnus* in einem Konzert des neugegründeten Hlahol-
Chores, der in der pompösen Besetzung von 300 Stimmen sang. Das
Stück eines praktisch unbekannten Komponisten wurde geradezu trium-
phal gefeiert. Das lag sicher auch an den patriotischen Begleitumständen.
Hatte der Hlahol-Chor schon eine vaterländische Funktion in jenen
Gründerjahren der tschechischen Wiedergeburt, so trug das vertonte
Gedicht von Vítězslav Hálek (1835–74), einem der Mitbegründer neu-
zeitlicher tschechischer Poesie, der Komposition starke emotionelle Re-
sonanz zu. Es heißt «Die Erben des Weißen Berges», beklagt das traurige
Schicksal, in das die Tschechen durch die verlorene Schlacht gegen
Habsburg gestürzt wurden, und ruft zur hingebungsvollen Treue, zum
Glauben an die ewige Mutter, das tschechische Volk, auf. «Es ist ein
einziges Vaterland, es ist eine einzige Mutter!» lauten die Schlußworte.
Dvořák hat sie mit so begeisterter Emphase vertont wie das ganze
Gedicht. Wenn aus dem düsteren Es-Mysterioso der Trauer schließlich,
über romantische, harmonische Rückungen und nach polyphonen Stei-
gerungen von Händelscher Lapidarität, das ff-Grandioso in Es-Dur wird,
so feiert Beethovens Per-aspera-ad-astra-Prinzip naive Urständ, und sein
menschheitlicher Optimismus tut auch in nationalistischer Verengung
seinen Dienst, weil Dvořák ganz ungebrochen daran glaubt. An beides:
an Beethoven wie an sein Volk.

Schon einen halben Monat später konnte Dvořák nochmals Applaus
ernten, als sein *Nocturno für Streichorchester* in einem Konzert der
Philharmonie aufgeführt wurde. Es ist eine liebenswürdige Komposition,
deren einschmeichelnde Sexten-Parallelen in F-Dur Dvořák noch zwan-

*Der Klavierauszug des «Hymnus»*

zig Jahre später in Nr. 4 seiner – mit e i n e r Nummer – weltberühmt
gewordenen *Humoresken* übernahm. Plötzlich, über Nacht sozusagen,
war Dvořák bekannt und wurde sogar gefeiert. Ein solcher Widerhall
mußte ihm Auftrieb geben. Die Produktion sprudelte denn auch im Jahre
1873 üppiger denn je. Ein *Klavierquintett in A-Dur* (schon im Vorjahr
entstanden) zeugte mit seiner betonten Dreisätzigkeit (ohne Scherzo,
nach Liszts tondichterischem Vorbild), mit Modulationshang und «dvořákischem» Sechsachtel-Finale ähnlich von der Auseinandersetzung zwischen neudeutschem Faszinosum und charakteristisch Tschechischem
wie die *Symphonie in Es-Dur* (Smetana führte sie 1874 auf, Dvořáks

Groll entwaffnend), wo im Adagio das Walhall-Motiv aus dem «Rheingold» in Des-Dur-Tonart und Habitus hereinspukt, wie das *Streichquartett in f-moll* (Šourek wertet es als einen unabhängigen Vorläufer von Smetanas späterem Streichquartett «Aus meinem Leben», mit einem für Dvořák bezeichnend fröhlichen Finale); wie das *a-moll-Streichquartett* von 1873, wo der neudeutsch-tonpoetische Versuch gemacht wird, vier Sätze in einen zu verschmelzen.

Festzuhalten ist bei all diesen noch halbgaren Kompositionen, daß es erste Werke der tschechischen Musik sind, wie auch die unmittelbar folgenden: die erste Symphonie, das erste Streichquartett, das erste Klaviertrio, das erste vollgültige Chorwerk. Auch für den Schöpfer wurden die frühen siebziger Jahre zu Premieren: zum erstenmal erklang eine Komposition öffentlich, wurde ein Lied (*Die Lerche*) veröffentlicht, ein großes Werk aufgeführt, ein anderes (das *a-moll-Streichquartett* von 1874) gedruckt. Festzuhalten ist auch, daß Dvořák in all diesen Kompositionen absoluter Musik – wozu auch noch das *Klavierkonzert in g-moll* und die erste Rhapsodie zu zählen wäre – dem älteren Smetana, dem designierten Schöpfer tschechischer Nationalmusik, vorausging, also ihm nicht folgte.

Die Früherfolge stärkten Dvořáks Selbstbewußtsein, nicht allein sein künstlerisches, auch sein persönliches. Er fühlte sich nun tüchtig genug, auch einen Hausstand zu gründen, was bei seiner tiefreligiösen Auffassung der Ehe sicher keine leichtfertige Entscheidung war. Am 17. November 1873 fand die Hochzeit mit Anna Čermáková statt. Man wohnte zunächst bei den Eltern der Braut. Nach ein paar Monaten übersiedelte das junge Paar in eine eigene Wohnung, Na Rybníčku Nr. 14 in der Neustadt, drei Jahre später in die Korntorgasse Nr. 10, alles kleinbürgerlich bescheidene Behausungen in Mietskasernen. Die Ehe wurde dauerhaft und glücklich, freilich bald vom Tod beschattet: die drei ersten Kinder starben frühzeitig. Im Jahr nach der Heirat nahm Dvořák eine Organistenstelle an der Pfarrkirche St. Adalbert an, die er bis 1877 behielt. Ein hervorragender Orgelspieler war er nicht. Leoš Janáček, der damals in Prag studierte, nennt Dvořáks Improvisationen «zurückhaltend», akademisch; übrigens unternahm Janáček im Jahre 1877 gemeinsam mit Dvořák eine Reise, teils zu Fuß, durch Mittel- und Südböhmen.

Sein Brot verdiente sich der junge Familienvater Dvořák hauptsächlich durch Klavierstunden, dann als Bratscher bei den Privatkonzerten des deutschböhmischen Prager Fabrikanten Josef Portheim; ab 1875 halfen ihm die jährlichen, mehrfach neu errungenen 400 Gulden eines Stipendiums des Wiener Kultusministeriums, das seit 1863 für tschechischen Künstlernachwuchs (nicht nur musikalischen) ausgesetzt war: das üppigste Honorar, das Dvořák bis dahin zuteil wurde! Er hatte seine *Es-Dur-Symphonie* eingereicht. In der Zuteilungskommission sprachen der Wiener Hofoperndirektor Johann Ritter von Herbeck, Johannes Brahms (was für Dvořáks weitere Karriere lebenswichtig werden sollte) und Eduard Hanslick, gebürtiger Prager und «Kritikerpapst» seiner Zeit, das entscheidende Wort. Hanslick wurde später – zu Unrecht – als Wagner-Hasser verketzert, er muß jedenfalls ein außerordentliches Gespür für Werte gehabt haben, wenn er aus dem Manuskript eines ihm völlig Unbekannten das Außerordentliche herauslas: «Unter den Stipendien-gesuchen, die alljährlich partiturenbeschwert beim Ministerium einlau-fen, pflegen die meisten von Komponisten herzurühren, welche von den drei gesetzlichen Erfordernissen – Jugend, Mittellosigkeit und Talent – nur die beiden ersten besitzen und auf das dritte verzichten. Da war es uns denn eine gar angenehme Überraschung, als eines Tages ein Prager Bittsteller, Anton Dvořák, Proben eines intensiven, wenngleich noch unausgegorenen Kompositionstalents einsendete.»[15]

Dvořáks Produktivität blühte, nachdem seine Existenz notdürftig gesi-chert und sein Name wenigstens in Prag bekannt geworden war, üppiger denn je. Die Mitte der siebziger Jahre ist gekennzeichnet durch ein Suchen und Finden zu sich selbst. Das Wagner-Fieber klingt ab, die Rückkehr zu den klassischen Modellen Beethovens, Schuberts und Schu-manns bedeutet für Dvořák nicht so sehr Regression als Einkehr. Zwei-fellos hat dabei das Vorbild des Opernkomponisten Smetana mitgewirkt. Dvořák hörte sich aufmerksam Reprisen der «Verkauften Braut» an und erkannte – wie übrigens die meisten Tschechen –, daß die Vorwürfe des «Wagnerismus» hier lächerlich waren, und als 1874 Smetanas eher mozartische komische Oper «Zwei Witwen» herauskam, war Dvořák vollends davon überzeugt, daß tschechisch-charakteristische Musik we-der durch Imitation des Wagnerschen Musikdramas noch durch Potpour-ris von tschechischen Volksliedern zu gewinnen war, sondern einzig durch schöpferisch Neues. Šourek erkennt die Krise bei Dvořák um die Jahreswende 1873/74. «Es ist wieder der Geist der Musik Beethovens und Schuberts, der sich nun über seinen [Dvořáks] Schöpfungen erhebt, aber nicht so, daß er sie – wie zuerst – ganz in Besitz nähme, sondern um mit dem Geist von Smetanas Musik eine undefinierbare Beleuchtung zu spenden . . . Dvořáks Werk beginnt eine Ruhe zu beherrschen, die aus dem Bewußtsein des Könnens die Materie sicher beherrscht, der Inhalt des Werkes erhellt sich und gewinnt an Maß, und der Ausdrucksmittel bemächtigt sich das Gebot ökonomischer und zweckmäßiger Verwer-tung.»[16]

Diese Charakteristik gilt ebenso für die *Symphonie in d-moll* von 1874, die vierte (mit Dvořáks erstem Variationssatz als Andante), für die erste *Rhapsodie in a-moll*, die laut einer Notiz in der Zeitschrift «Dali-bor» einen Zyklus slawischer Rhapsodien «etwa in der Art, wie Liszt mit seinen Rhapsodien ungarischer Volkslieder» einleiten sollte, auch für das viersätzige *Streichquartett in a-moll*, das zweite in dieser Tonart, mit dvořákischem Impetus binnen zehn Tagen zu Papier gebracht, und auch

*Anna Dvořáková*

noch für die Kammermusikkompositionen des Jahres 1875, das klassizistisch heitere *Streichquintett in G-Dur*, das *Klaviertrio in B-Dur*, dem ein Jahr später ein zweites in g-moll folgte (das Presto-Scherzo erscheint wie ein Vorläufer der berühmten *Slawischen Tänze*!), das wenig gespielte *Klavierquartett in D-Dur* und das *Streichquartett in E-Dur*. Völlig klassizistisch beruhigt hat sich auch die *Streicherserenade in E-Dur*, eine fünfsätzige Suite, die zu Dvořáks populärsten Stücken werden sollte – ein Idealfall nobler, inspirierter Unterhaltungsmusik. Die im Sommer 1875 komponierte *F-Dur-Symphonie* wurde der Tonart wegen mit Beethovens «Pastorale» verglichen; sie ist immer noch ein Übergangswerk, aber schon näher zum «großen Dvořák», im Andante mit dem für Dvořák so bezeichnenden Dumky-Gegensatz zwischen elegisch und tänzerisch-temperamentvoll.

Mit neuem Mut stürzte sich Dvořák auch in die Opernproduktion. Seine bisherigen bedrückenden Erfahrungen hätten abschrecken müssen, ein brauchbares Libretto war, wie sich bald zeigte, ebenfalls nicht zu bekommen. Sich als Opernschöpfer auszuzeichnen, mußte jedoch einem

*Eduard Hanslick*

tschechischen Komponisten als höchstes Ziel erscheinen; man baute bereits am «Tempel» des Nationaltheaters, und Smetanas wachsendes Ansehen spornte an. Daß Dvořák sich zunächst mit einem volkstümlichen, heiteren Einakter begnügte, spricht gleicherweise für seine Einsicht in die praktischen Verhältnisse wie für die neue Fort-von-Wagner-Richtung seines damaligen Weges. *Die Dickschädel* (*Tvrdé palice*), nach einem verhältnismäßig gelungenen, bei dem Notar und Possenautor Josef Štolba bestellten Libretto, spielen in dem Dvořák wohlvertrauten kleinbürgerlichen Milieu: ein junges Liebespaar, das zunächst nichts voneinander wissen will, wird durch einen listigen Onkel eifersüchtig gemacht und in die längst offenen, nur aus Dickschädeligkeit versperrten Arme gelotst. Die sechzehn Kurzszenen zeichnen sich wenn auch nicht gerade durch dvořákische Genieblitze, so doch durch schmiegsames Arioso und dadurch aus, daß Dvořák die Scharniere von Secco-Rezitativen verschmäht, ohne die selbst Smetana damals noch nicht auskam. Sieben Jahre mußte Dvořák auf die Uraufführung warten, und dann, 1881, verschwand das Stück schnell wieder von der Bühne.

Inzwischen hatte sich Dvořák an einen heroischen Stoff gewagt, und diese *Wanda* (Uraufführung 1876) wurde nun wirklich ein totaler Mißgriff. Nach einer polnischen Vorlage bastelte der Journalist Václav Beneš Šumavský ein sprachlich schwülstiges, dramaturgisch dilettantisches Libretto zusammen. Es geht um eine Geschichte aus polnischer Vorzeit. Die Fürstin Wanda liebt den heimischen Ritter Slavoj und wird von dem deutschen Ritter Roderich bedrängt; die fremden Invasoren werden geschlagen, aber Wanda hat sich selbst den Göttern geweiht und stürzt sich in die Weichsel. Die damalige tschechische Begeisterung für die von den Russen unterdrückten Polen mag die Wahl des Stoffes erklären. Unerklärlich bleibt dennoch, wie Dvořák soviel Energie – es handelt sich um einen ausgewachsenen Fünfakter! – an die Partitur verschwenden konnte, eine unpersönliche Mischung aus Smetana, Wagner und Meyerbeer.

Fast ebenso unkritisch zeigte er sich wenig später, als er das Libretto eines Dreiundzwanzigjährigen vertonte. *Der Bauer ein Schelm* (*Šelma sedlák*) ist das Produkt eines nicht unbegabten, aber größenwahnsinnigen Literaten und Medizinstudenten namens Josef Otakar Veselý. Der junge Mann, der schon mit 26 Jahren von der Tuberkulose hinweggerafft wurde, fühlte sich zum «Erlöser unserer armseligen Literatur» geboren; als Dvořáks Partner lieferte er jedoch ein Opernbuch von staunenswerter Naivität, dessen Handlung eine Mixtur von «Figaros Hochzeit» (mit einem auf erotischen Seitenpfaden wandelnden Grafen) und der «Verkauften Braut» (sogar die Namen der Rivalen, Jeník und Václav, sind von dort übernommen!) ist. Dvořák ließ sich weder von den miserablen Versen noch von den billigen dramaturgischen Abziehbildern stören, er fühlte sich in der ländlichen, heilen Welt des harmlosen Spaßes zu Hause und verschwendete nutzlos die weitaus beste Musik seiner bisherigen Opernversuche. Das hat alles Witz, Gemüt und hervorragendes Handwerk. Chöre und Ensembles, liednahe Arien, ein inniges Es-Dur-Duett der Liebenden, strömendes Melos und zündende Rhythmen – alles hoffnungslos mit einem nichtswürdigen Libretto verkoppelt. Der freundliche Beifall der Uraufführung von 1878 konnte auf die Dauer nicht retten, was nicht zu retten war. Immerhin wurde die Oper die erste Dvořáks, die den Weg über die Grenzen fand. 1882 führte Ernst von Schuch sie in Dresden auf, in einer wüsten textlichen Verpflanzung von Böhmen nach Oberösterreich, ein Jahr darauf folgte Hamburg, drei Jahre später die Wiener Staatsoper, wo das lieblos einstudierte Stück durchfiel. Hanslick goß seinen Hohn über die deutschsprachige Verhunzung aus und fand, daß dieses Stück böhmischen Volkslebens nicht aus seinem Milieu zu verpflanzen sei.[17] Der Verfasser dieses Buches, mit den tschechischen Dvořák-Kennern darin einig, daß hier ein unmögliches Libretto sprühende Musik in den Abgrund zieht, unterlegte der Partitur ein frei bearbeitetes neues, und unter dem Titel *Der Schelm und die Bauern* erlebte Dvořáks früheste Meisteroper eine späte Renaissance in Deutschland.[18]

Glücklicher war Dvořák in den siebziger Jahren mit konzertanten Werken. Das gilt nicht so sehr von seinem – einzigen – *Klavierkonzert in g-moll* (1876) wie von zwei wichtigen Vokalkompositionen. Das Klavierkonzert erscheint durch einen gewissen Gleichklang mit Brahms bemerkenswert; auch Dvořák schrieb eine Art von Symphonie mit obligatem Klavier, das Soloinstrument ist undankbar ausgestattet, weshalb das Konzert auch meist in der Bearbeitung des Klavierpädagogen Vilém Kurz gespielt wird. Damals gab Dvořák Klavierstunden im Hause des vermögenden Kaufmannes Jan Neff. Dieser, seine Frau und die Hauslehrerin sangen gern, Duette waren beliebt, die vorliegende Literatur war bald erschöpft, und so wandte man sich an den komponierenden Klavierlehrer: ob er denn nicht ein paar Volksweisen für zwei Stimmen setzen könne? Marie Neff, die Kaufmannsfrau, erinnerte sich: «Unsere Erzieherin borgte sich Sušils Sammlung aus, suchte nach eigenem Geschmack etwa 15 Lieder aus, und Dvořák versprach, dazu eine zweite Stimme und die Begleitung zu schreiben. Nach einigen Tagen hatte er sich aber die Sache überlegt. *Ich werde es nicht machen*, erklärte er, *wenn Sie wollen, schreibe ich Lieder nach meinem Geschmack, zu diesen aber werde ich keine zweite Stimme schreiben!*»[19]

Dvořáks Entscheidung ist nicht nur für seine eigene künstlerische Ehrlichkeit bezeichnend. So einfach, wie sich das die patriotischen «Alttschechen» vorstellten, war die Schaffung tschechischer Nationalmusik nicht. Smetana lehnte die Verwertung von Volksweisen in seinen Opern ab; nur in seiner heiteren Oper «Der Kuß» ließ er ein uraltes Wiegenlied aufklingen, darauf aber sogleich ein zweites, von ihm erfundenes folgen, als ob er hätte sagen wollen: seht ihr, daß ich, der angebliche Wagnerianer, das ebensogut kann? Dvořák verfuhr mit der Volksliedsammlung des mährischen Priesters František Sušil ähnlich. Er vertonte die alten Texte neu, mit genialer Einfühlung in die Eigenart mährischer Folklore, die sich von der böhmischen vielfach, zum Beispiel durch die Bevorzugung großer Intervalle, unterscheidet.

Aus der Keimzelle der im Frühjahr 1875 entstandenen drei Duette op. 20 wuchs innerhalb dreier Jahre der Zyklus zusammen, der unter dem deutschen Titel *Klänge aus Mähren* Dvořáks internationalen Ruhm begründete. Der originale Titel lautet sachlicher *Moravské dvojzěvy* [Mährische Duette].[20] Der emotionelle Gehalt der Volksdichtung ist überwiegend fröhlich, doch nicht ohne dunkle Töne, und insofern fast universal: Liebe als Beglückung, Sehnsucht und Klage, Neckerei, Soldatenschicksal, Natur in inniger Symbolsymbiose. Dvořák überträgt die Unmittelbarkeit dieser Lyrik in Weisen, die wie Volkslieder klingen, simpel im Klaviersatz, oft raffiniert in der imitatorischen Stimmführung, und fast immer kongruent mit dem poetischen Vorwurf. Glückstreffer einer beneidenswerten Zeit idealer Übereinstimmung von Kunst und

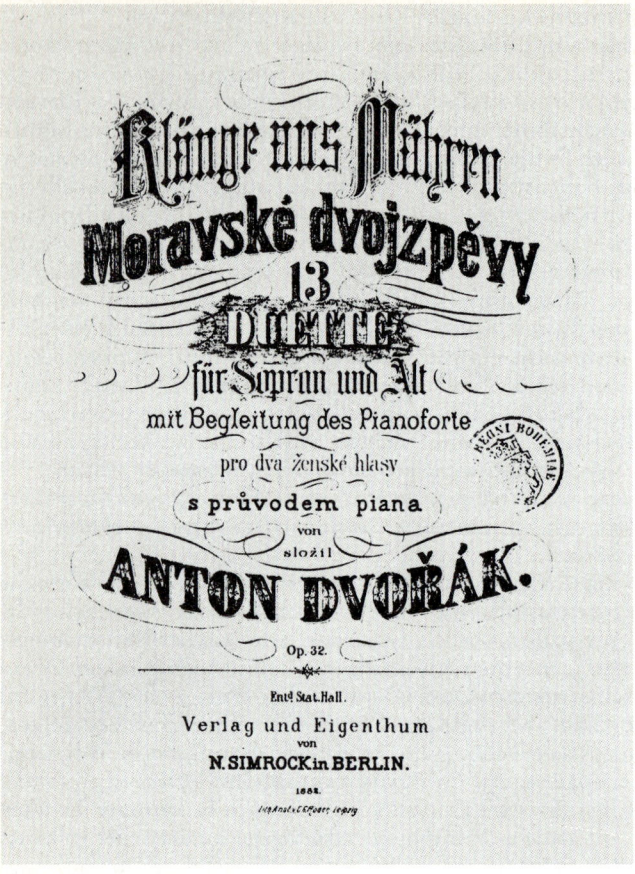

*Die erste Ausgabe der «Klänge aus Mähren», bei Simrock*

Folklore. Die nächste Generation, die Gustav Mahlers, konnte ihre Sehnsucht nach Volkstümlichkeit und Einfalt, ihre Nostalgie, die von Kind-
heitseindrücken sentimentaler Horn- und Trompetenklänge zehrte, nur
noch intellektuell gebrochen vermitteln.

Das zweite Vokalwerk, das Dvořák berühmt machte, das *Stabat mater*,
ist großartiger, durch seinen lateinischen Text zunächst distanziert,
durch persönliches Engagement innerlich beseelt. Dvořák schrieb die
Skizzen zur Vertonung des mittelalterlichen, oft komponierten (u. a. von
Pergolesi und Rossini) Textes des Franziskaners Iacopone da Todi 1876

unter dem Eindruck des Todes seines Töchterchens Josefa. Eineinhalb Jahre später brachen neue, fürchterliche Schicksalsschläge über die junge Familie herein. Die elfmonatige Tochter Růžena trank in einem unbewachten Augenblick eine Phosphorlösung und starb daran, drei Wochen später rafften die Windpocken den Erstgeborenen, den dreieinhalbjährigen Otakar, hinweg. Der Katholik Dvořák suchte Zuflucht in der Religion. Er holte die Skizzen hervor, die ganze Inbrunst seines Schmerzes wie seines Glaubens verschmolz mit den mönchlateinischen Versen vom Leiden der Schmerzensmutter.

Das *Stabat mater* ist nicht nur die erste große tschechische musica sacra überhaupt. Mit den gewaltigen Dimensionen seiner zehn Nummern für Chor, Soli und Orchester – das Werk dauert eineinhalb Stunden – bildet es zugleich den ersten Höhepunkt von Dvořáks vokalem Schaffen. Obwohl der Komponist sich objektivierend jedwede folkloristischen Anklänge versagt, verleugnet er seine – inzwischen kontrapunktisch zwanglos sichere – Handschrift nicht. Auch im sakralen, an Bach, Händel und Beethovens «Missa solemnis» orientierten Bereich entfaltet vor allem der Melodiker Dvořák seine unverwechselbare Persönlichkeit.

Die *Symphonischen Variationen* von Ende 1877, 28 Abwandlungen über ein tschechisches Volkslied, zeigen Dvořák auf der Höhe instrumentatorischer Meisterschaft, zwölf *Abendlieder* nach Vítězslav Hálek, verschiedene kleinere Kompositionen für Chor und Klavier und nicht zuletzt das *Streichquartett in d-moll* – bereits sein neuntes, mit einem kantablen Hauptsatz, dem tiefen Adagio und dem «slawischen Tanz» des Allegretto scherzando vielleicht das erste ganz ausgereifte, vollendete – noch die relativen Nebenwerke zeugen von unbändiger Schaffensfülle.

Immer noch war Dvořák ein international unbekannter, nur von seinen Landsleuten geschätzter Musikant. Bald sollte auch die Welt erkennen, daß da in provinzieller Bescheidenheit ein Meister herangereift war.

*. . . Aber ein noch größeres Glück ist die Sympathie, die Sie, hochgeehrter Herr, meinem geringen Talente zuteil werden liessen und auch das Wohlgefallen (wie mir Herr Prof. Hanslick schreibt), welches Euer Wohlgeboren an meinen zweistimmigen böhmischen Liedern gefunden haben. Nun rathet mir der Herr Prof., ich solle eine deutsche Übersetzung der betreffenden Lieder verschaffen und Sie, geehrter Herr Meister, würden so gütig sein, dieselbe Ihren Verlegern anzuempfehlen. Ich habe nur noch diese einzige Bitte an Sie zu richten, mir auch in dieser für mich so wichtigen Angelegenheit behilflich sein zu wollen. Wahrhaftig, es würde nicht nur für mich, sondern auch für mein geliebtes Vaterland von unschätzbarem Werte sein, von Ihnen, hochgeschätzter Herr Meister, dessen Schöpfungen die gesamte musikalische Welt so hoch erfreuen, in dieselbe eingeführt zu werden.*

*Indem ich Euer Wohlgeboren um Ihre hochgeschätzte Gunst flehe, mir dieselbe auch für die Zukunft zu bewahren, bitte ich zugleich um die gütige Erlaubnis, Ihnen einige meiner Kammermusik- und Instrumentalkompositionen zur gefälligen Ansicht vorlegen zu dürfen.*

*Ich habe die Ehre mich zu zeichnen in tiefster Hochachtung Euer Wohlgeboren ergebenster*

*Anton Dvořák.*[21]

Mit diesem devoten Brief an Brahms beginnt, Ende 1877, die Korrespondenz zweier großer Komponisten, zugleich eine lebenslange Künstlerfreundschaft von nobler, ungetrübter gegenseitiger Hochachtung. Der Anlaß von Dvořáks Brief war Brahms' entscheidende Intervention bei der Erteilung des Wiener schulministeriellen Stipendiums. Dank stand zu Anfang, und dankbar blieb Dvořák allezeit. Er hatte allen Grund dazu. Nicht nur jenes Stipendium, das ihn bei bescheidenster Lebenshaltung halbwegs unabhängig machte, verdankte er Brahms' Fürsprache, sondern auch den Sprung über die engen Landesgrenzen hinweg, aus der Provinzialität in die große musikalische Welt. Was Smetana zeitlebens nie vergönnt war, die internationale Anerkennung – Dvořák erlangte sie durch Brahms' uneigennützige Vermittlung.

Dvořáks zitierte briefliche Bitte um Protektion war nicht vergeblich. Etwa zugleich mit Brahms' höflichem Antwortbrief erging ein Brief an den bedeutenden Verleger Fritz Simrock in Leipzig. «. . . Dvořák hat alles Mögliche geschrieben, Opern (böhmische), Sinfonien, Quartette, Klaviersachen. Jedenfalls ist er ein sehr talentvoller Mensch. Nebenbei arm! Und bitte ich das zu bedenken! . . .»[22]

Fortan wurde Dvořák, der bis dahin nur im provinziellen Prag bekannte Komponist, Autor des weltweit einflußreichen Verlagshauses Simrock. Dvořák reiste nach Wien, um Brahms zu danken, traf ihn aber nicht

*Johannes Brahms*

zu Hause an, da er verreist war. Später kehrte Brahms bei Dvořák in Prag
ein, Dvořák erwiderte den Besuch in Wien. Begegnungen, die insgesamt
selten blieben, jedoch zeitlebens von ungetrübter Freundschaft gekennzeichnet waren. Stets war Brahms, der um acht Jahre ältere, der gewissermaßen väterliche Geber, war Dvořák der zutiefst dankbare Nehmer.

  Brahms und Dvořák, ein seltsames Freundespaar! Der Norddeutsche,
in der Jugend schon durch den hochkultivierten Kreis Robert und Clara
Schumanns geprägt, literarisch und philosophisch beschlagen, der musikalische Denker und Grübler, der tief skeptische, areligiöse Mensch – und
der tschechische Kleinbürger, in kultureller Enge aufgewachsen, dessen
literarischer Geschmack nie recht ausgebildet wurde, dessen innerer
Reichtum sich ausschließlich musikantisch artikulieren konnte («Seine
Intelligenz war . . . von ganz besonderer Art . . . er dachte ausschließlich
in Tönen, anderes war für ihn nicht vorhanden», urteilte Janáček[23]), ein

49

Katholik von völlig integrer Frömmigkeit, der noch als alter Mann schier fassungslos über seinen Freund berichtete: *Solch ein Mensch, solch eine Seele – und er glaubt an nichts, er glaubt an nichts!*[24]

Was hatten die beiden einander zu geben? Menschliche Sympathie, dies vor allem. Brahms' Hilfsbereitschaft ging so weit, daß er Dvořák einlud, mit seiner ganzen Familie auf seine Kosten – «mein Vermögen steht Ihnen zur Verfügung» – nach Wien zu übersiedeln; als Dvořák in Amerika weilte, übernahm der Deutsche dringende Korrekturarbeiten für ihn. Künstlerisch mochte Brahms in dem Jüngeren einen Bundesgenossen insofern sehen, als sie beide, Kammermusik und Symphonien komponierend, gegen den «neudeutschen» Strom der Zeit schwammen und die Ästhetik des Brahms-Freundes Hanslick von den «tönend bewegten Formen» der absoluten Musik am reinsten verwirklichten. Dvořáks Wagner-Verehrung schien Brahms nicht zu stören. Sein Entzücken über des Tschechen sprudelnde Einfallsfrische war so echt und dauerhaft wie dessen Bewunderung für Brahms' Meisterschaft.

Lernen konnte eher noch der Jüngere vom Älteren, ohne daß man eindeutig brahmsische Züge bei Dvořák feststellen könnte; die kunstvollere Stimmigkeit und Durchführungstechnik in Dvořáks Reifewerken hat nicht nur Brahms zum Vorbild. Die Spiritualität von Brahms' pianistischem und symphonischem Denken war für Dvořák so unnachahmbar wie für den Deutschen die Naivität dvořákischer Melodie-Thematik und deren ungebrochene Nähe zur Folklore. Kritik wurde freundschaftlich offen ausgedrückt und dankbar akzeptiert. «Sie schreiben einigermaßen flüchtig. Wenn Sie jedoch die fehlenden ♯ ♭♮nachtragen, so sehen Sie auch vielleicht die Noten selbst, die Stimmführung usw. bisweilen etwas scharf an. Verzeihen Sie recht sehr, einem Manne wie Ihnen gegenüber in solchen Sachen ist es sehr anmaßend, solche Wünsche zu äußern!» quittierte Brahms die Widmung von Dvořáks *d-moll-Streichquartett*[25], aber der Gerügte bedankte sich auch noch ein Jahr später! *Verehrtester Meister! Bei Ihrem letzten Aufenthalte in Prag waren Sie so freundlich, mich auf mehrere Sachen in meinen Werken aufmerksam zu machen, und ich muß Ihnen dafür nur sehr dankbar sein, denn jetzt sah ich wirklich die vielen schlechten Noten, und habe andere gesetzt . . .*[26]

Dvořák war nun also dank Brahms' Empfehlung Simrock-Autor, der Verleger kam selbst nach Prag, um die Verträge abzuschließen, und wenn er auch zuerst Dvořák fühlen ließ, daß er in Deutschland noch ein unbekannter Anfänger war (weder für die *Klänge aus Mähren* noch für die erste Klavier-Serie der *Slawischen Tänze* erhielt der Komponist Honorar!), zahlte er später anständig (so für das Violinkonzert 1000 Mark, was 500 Gulden entsprach, für die *d-moll-Symphonie* schon 6000 Mark). Für beide Partner wurde die Zusammenarbeit äußerst nützlich: dem Komponisten öffnete sie den Weg in die Welt, dem Verlag brachte sie einen neuen Erfolgsautor. Aus den Geschäftsbeziehungen entwickelte

*Verleger Fritz Simrock*

sich eine aufrichtige Freundschaft; Dvořák redete Fritz Simrock (1838–1901) manchmal in seinen Briefen mit der tschechischen Koseform *Lieber Fricku* an. Bald ging es mit Dvořáks Lebensumständen bergauf. Ein Freund berichtet, mit welchem Triumph der Komponist die ersten bei Simrock verdienten 300 Mark (für die Orchesterfassung der *Slawischen Tänze*) 1878 in seinem Stammcafé vorzeigte – das erste nennenswerte Honorar überhaupt! Zwei Jahre später konnte er, auch dies ein Zeichen bescheiden gewachsenen Wohlstandes, aus dem Hinterhof in der Korntorgasse in eine größere Wohnung im zweiten Stock desselben Hauses Nr. 10 übersiedeln. Dort hatte er ein geräumiges Arbeitszimmer mit

51

Schreibtisch und Flügel; es blieb seine letzte Prager Wohnung. Im Sommer 1878 wurde ihm wieder ein Töchterchen geboren, Otilie, die später des bedeutenden Komponisten Josef Suk Frau wurde. Familienglück, Berufserfolg, bürgerliche Zufriedenheit: ein paar Schritte aus dem Haus, und Dvořák konnte sich in der Frühe auf dem baumreichen Karlsplatz am Gesang der Vögel erfreuen, ganz nah lag auch der Franz-Josephs-Bahnhof, wo er seinem Eisenbahn-Steckenpferd stundenlang frönte: Lokomotiven hatten es ihm angetan, er merkte sich die kompliziertesten Seriennummern und sogar die Namen der Lokführer.

Simrock hatte zunächst die von Brahms empfohlenen *Klänge aus Mähren* herausgebracht. Sie verkauften sich so gut, daß Dvořák gleich einen neuen Auftrag bekam: es sollten Tänze nach Art von Brahms' ungarischen sein, ebenfalls für Klavier, vierhändig, nur mit böhmisch-slawischem Charakter. Diese *Slawischen Tänze*, deren erste Serie – acht Nummern – nach dem durchschlagenden Erfolg der Klavierfassung noch im selben Jahr 1878 von Dvořák für Orchester gesetzt und später (1886) durch weitere acht ergänzt wurde, sind Dvořáks populärstes Werk geworden. Sechzehn Volltreffer an melodischer, rhythmischer und klanglicher Erfindung. Darin übertreffen sie Brahms' «Ungarische Tänze»; dort sind volkstümliche Weisen lediglich in meisterhaften Satz eingekleidet, bei Dvořák sind auch die Melodien selbst erdacht.

Es lassen sich tschechische und andere slawische Volkstänze als Muster nachweisen; aber eben wie diese kompositorisch verfeinert sind, ohne dabei ihre «himmlische Natürlichkeit»[27] zu verlieren, das spricht gleicherweise für Dvořáks Kunst wie für seinen inneren Gleichklang mit echter Folklore. Er brauchte nicht, wie der Volksliedfreund Brahms, in einer besseren Vergangenheit nach Weisen zu spüren, er trug die gegenwärtigen, die man auf dem Land noch sang und tanzte, in Herz und Ohr. In der zweiten, in der Ausarbeitung reicheren Serie sind auch Kolo, Polonäse, Odzemek und andere außertschechische slawische Tänze vertreten. Die erste könnte ebensogut wie die Klaviersuite Smetanas «Tschechische Tänze» heißen. Denn hier herrschen böhmisch-mährische Typen vor: Der Furiant gleich zweimal, zu Beginn und Ende, ein rhythmisch gepfefferter, durch die Folge eines Dreihalbe- und eines Dreiviertel-Metrums (Akzentverlagerung bewirkt diesen Furiant-typischen Wechsel) gekennzeichneter Tanz, die Polka, die gemütliche, menuettartige Sousedská, die Skočná.

Alles Tänze, die auch in der Kammermusik und Symphonik Dvořáks gerade in den folgenden Jahren immer wieder variiert werden; zu Recht nennt man diese von Schaffenslust und Meisterwerken überquellende Zeit seine «slawische Periode». Fortan brauchte er nicht mehr für die Schublade zu schreiben. Was er komponierte, wurde alsbald aufgeführt, auch in Deutschland und in Wien, er kam kaum den Bestellungen nach. Daß die bedeutenden deutschen Dirigenten Hans Richter, Hans von

*Lokomotiven, wie man sie damals auf Prager Bahnhöfen sah*

Der «Slawische Tanz» Nr. 1

Um 1877/78

Bülow und Arthur Nikisch sich zunehmend für Dvořáks Orchesterwerke begeisterten, ebnete gleichfalls den Weg zum europäischen Ruhm.

Fast gleichzeitig mit den *Slawischen Tänzen* entstand weiteres Urtschechisches: zunächst die *Streicherserenade in d-moll* für Bläser mit Violoncello und Kontrabaß, trotz der Tonart eine heitere Suite, in die Mozarts Sonne hereinzuleuchten scheint (eine Mozart-Aufführung bei Dvořáks Wiener Besuch gab die Anregung), und die drei *Slawischen Rhapsodien*. Der Komponist vermied jedwede Erläuterung des «Inhalts», aber daß es sich um balladeske symphonische Dichtungen in der Art von Smetanas «Mein Vaterland» handelt, verrät sich auch ohne Worte. An Smetanas «Vyšehrad» gemahnt, ohne jeden Anklang, das feierliche Pathos der ersten *Rhapsodie in D-Dur*, an eine mythische Tragödie die düster akzentuierte in g-moll, an ritterliches Gepränge die in As-Dur. Liszts Rhapsodien boten Vorbilder, die formal einfache, dreiteilige oder rondoartige Bauart wie die Melodik sind ganz dvořákisch. Daß die dritte Rhapsodie von einem Harfen-Solo eingeleitet wird, empfand Smetana als Plagiat seines «Vyšehrad» – ohne jeden greifbaren Grund. Der ältere Meister, damals völlig ertaubt und einsam auf dem Lande lebend, war durch sein Leiden verbittert und etwas eifersüchtig auf den plötzlichen Ruhm Dvořáks. Doch zur gleichen Zeit äußerte er seine Freude, daß nun ein Landsmann so erfolgreich in die Fremde drang, und lobte vorbehaltlos die *Slawischen Tänze*, als man ihm auf seinen Wunsch hin («die jüngeren Herren Komponisten sollten dem alten Smetana ihre Arbeiten wenigstens zeigen») die Partitur vorlegte.

Das *Streichsextett in A-Dur*, Dvořáks Tonart der Glücksempfindung und inneren Harmonie, bringt eine erstmals ausdrücklich so bezeichnete Dumka als zweiten und einen Furiant als Presto-Satz und ist nicht nur als erstes im Ausland gespieltes Kammermusikwerk wichtig, sondern auch dadurch, daß es der berühmte Geiger Joseph Joachim (1831–1907) war, der es mit seinem Quartett in Berlin aufführte. Joachim, der schon den Solopart von Brahms' Violinkonzert wesentlich mitbestimmt hatte, wurde auch der Mentor von Dvořáks *Violinkonzert in a-moll*. Auf Joachims Rat komponierte Dvořák nicht nur die Solostimme, sondern das ganze Werk um. Daß die Geige symphonisch integriert ist, kann man kaum auf Brahms' direkten Einfluß zurückführen, denn Dvořák hielt es ja schon mit seinem Klavierkonzert so; die Themenprägung, mit einem rassigen Furiant im Finale, ist wiederum unverwechselbar dvořákisch, der Solopart dank Joachims erfahrener Virtuosen-Mitwirkung sehr effektvoll. Doch hat dann nicht Joachim, sondern der junge tschechische Geiger František Ondříček das Werk aus der Taufe gehoben: diesem ab 1883 eine glorreiche Laufbahn eröffnend.

Werk auf Werk entstand. Die liebenswürdigen *Bagatellen* für zwei Violinen, Cello und Harmonium, die drei *Neugriechischen Lieder* für Bariton und Klavier, später, als bisheriger Gipfel von Dvořáks Liedkom-

*Joseph Joachim*

position, die *Zigeunerlieder*, kurioserweise auf deutschsprachige Gedichte des tschechischen Poeten Adolf Heyduk komponiert; die Liebe der Zigeuner zur Musik wird da in strophischen Liedern besungen. Eine Auftragskomposition des Gesangsvereins «Hlahol» war der *149. Psalm*, mit seinen altväterlichen Sequenzen eine verspätete Händel-Huldigung. Die *Tschechische Suite in D-Dur* für kleines Orchester ist ein liebenswürdig serenadenhaftes Stück, mit einem der zündendsten aller Dvořák-Furiante als Presto-Schlußsatz. Kleinere Klavierstücke standen im Schatten eines neuen, vom namhaften Florentiner Streichquartett bestellten *Es-Dur-Streichquartett*, eines Sonntagskindes der guten Laune, was man auch von der *D-Dur-Symphonie* des Jahres 1880 sagen könnte.

57

Die Tschechen zählen sie bereits zum Viergespann von Dvořáks großen, letzten Symphonien. Das Hauptthema des Kopfsatzes erinnert an das Finale von Schumanns «Papillons», wird jedoch dvořákisch ausgesponnen, ein Presto-Furiant nimmt die Scherzo-Stelle ein. «In dieser Symphonie lebt die Fröhlichkeit, der Humor und die Leidenschaft des tschechischen Volkes», begeistert sich Šourek.[28] Hans Richter, der die Symphonie in London aufführte, war damals schon nicht minder begeistert. *Die Symphonie hat Richter maßlos gefallen, so daß er mich nach jedem Satz abbusselte*, berichtet Dvořák von seinem Wiener Besuch bei dem Dirigenten, dem er das neue Werk selber vorspielte. In der euphorischen Erfolgsgeschäftigkeit jener Jahre gedieh noch ein *Streichquartett in C-Dur*, dessen reifer Formvollendung und Inspiration niemand anmerken würde, daß es binnen weniger Tage zu Papier gebracht wurde, die ersten beiden Sätze jeweils an zwei Tagen! Mit geringerer Hingabe unterzog sich Dvořák der Pflicht – immerhin, es war ein Auftrag des Theaterdirektors –, zu einem Schauspiel «Josef Kajetán Tyl» von Fr. Ferd. Šamberk die Musik zu schreiben. Es handelte sich um die sentimentale Dramatisierung des Lebenswegs Tyls, des in der ersten Jahrhundert-

1881

hälfte lebenden Pioniers des tschechischen Theaters. Der Text des Liedes «Kde domov můj» [Wo ist meine Heimat], das später zur Nationalhymne erklärt wurde, stammt von Tyl, und Dvořáks Verarbeitung der populären Melodie František Škroups, kombiniert mit der Volksweise «Auf unserem Hofe», überlebte als Ouvertüre das längst verschollene Stück. Simrock gab sie unter dem falschen deutschen Titel *Mein Heim* heraus, was wiederum, bei tschechischen Aufführungen, zunächst mit «Má vlast» (das heißt: Mein Vaterland) rückübersetzt – als unzulässig empfundener Gleichklang mit Smetanas symphonischem Zyklus – schwelende Eifersüchteleien der Parteigänger Smetanas und Dvořáks anheizte. Dvořák selber war ganz unschuldig daran.

Er erholte sich damals gern von seinen häufigen beruflichen Reisen (nach Berlin, nach Dresden, nach Wien, nach Wiesbaden und Köln) auf kleineren in der Heimat und auf dem Lande. Mit seinem Freund Alois Göbl, einem Lehrer und späteren Gutsverwalter, reiste er in den Böhmerwald (in einem Zyklus von vierhändigen Klavierstücken schlugen sich Natureindrücke nieder). Er hielt sich gerne auf dem von seinem Freund verwalteten Meierhof im nordböhmischen Sychrov auf, und noch lieber auf dem Gut seines Schwagers Graf Kaunitz in Vysoká bei der südböhmischen Bergbaustadt Příbram. Trauriger war der Anlaß anderer kleiner Reisen des seßhaften Wahl-Pragers. Seines alten Lehrers Liehmann, der hochbetagt gestorben war, gedachte er in Zlonice mit einem Wohltätigkeitskonzert, bei dem er selber Klavier spielte. Zwei Jahre später mußte er ins nahe Kohlenstädtchen Kladno fahren; dort war Ende 1882 seine geliebte Mutter vierundsechzigjährig gestorben. Der Vater, den Dvořák finanziell unterstützte, schlug sich, nachdem er die Gastwirtschaft hatte aufgeben müssen, kümmerlich als Zitherspieler durch. Diese für Dvořák deprimierenden Erlebnisse wurden in der Musik so spontan wie naiv sublimiert. Das *Klaviertrio in f-moll* von Anfang 1883, ein umfangreiches, gehaltvolles Werk, spiegelt mit seiner dissonanzreichen Leidenschaftlichkeit Dvořáks Seelenlage; aber schon kurz darauf drängte es ihn offenbar unwiderstehlich zu einem *Scherzo capriccioso*, dessen Hauptthema so von Leben sprüht wie das ganze Stück.

Dazwischen liegt eine neue Oper Dvořáks, die sein glänzendster Erfolg in Prag und zugleich eine bittere Enttäuschung werden sollte; er hatte gehofft, daß er mit diesem *Dimitrij* einen ähnlichen Durchbruch in Deutschland erzielen könnte wie mit seinen konzertanten Werken, aber es blieb bei Hoffnungen. Die glanzvolle Einweihung des Nationaltheaters am Moldaukai mit Smetanas Festoper «Libuše» im Jahre 1881 gab Dvořáks musikdramatischen Ambitionen neuen Auftrieb. Vorübergehend hatte er mit dem Gedanken gespielt, deutschsprachige Libretti für Aufführungen in Deutschland zu komponieren, aber nun lockte wiederum die eigene, die tschechische Bühne.

Daß das Nationaltheater schon zwei Monate nach der Eröffnung ab-

*Das tschechische Nationaltheater in Prag*

brannte, wurde als nationale Katastrophe empfunden, spornte aber nur Dvořáks Ehrgeiz an. Aus allen Schichten des Volkes flossen die Spenden zum Wiederaufbau, und zwei Jahre später wurde das Theater zum zweitenmal eingeweiht. «Národ sobě» [Die Nation sich selbst – nämlich: sich selbst zum Geschenk gegeben] verkünden bis heute stolze Balkenlettern über dem klassizistischen Giebel des Proszeniums. Nur wer ermißt, wie lange die Tschechen im Schatten der deutschen Kultur standen, wie spät sie zu einem eigenen repräsentativen Theater fanden, kann die einzigartige, im wahrsten Sinne nationale Bedeutung dieses Baus und seine bis zur künstlerischen Kritiklosigkeit reichende Verklärung verstehen.

Wie sollte es Dvořák, den Jungberühmten, nicht reizen, sich auch in diesem «Tempel» zu bewähren! *Dimitrij* war für das neue Nationaltheater bestimmt, der Brand zwang jedoch dazu, bei der Uraufführung im Oktober 1882 in das provisorische Neue tschechische Theater am Korntor (eine Kopie des Bayreuther Festspielhauses) auszuweichen. Es wurde ein durchschlagender Erfolg für Dvořáks bisher ambitiösestes, gewichtigstes musiktheatralisches Werk. Nach Smetanas «Dalibor» war dies die zweite tschechische tragische Oper von Rang. Wie bei der verunglückten

61

«Wanda» war es wieder ein slawisches Sujet, diesmal ein russisches –
ohne daß sich daraus im geringsten eine ähnliche Russophilie Dvořáks,
etwa wie später bei Janáček, ableiten ließe; nie wieder beschäftigte er sich
mit russischen Themen, die Stoffwahl war zufällig.

Dvořáks Unsicherheit, ja Kritikunfähigkeit bei der Auswahl seiner
Libretti steht in schroffem Gegensatz zu der Zielstrebigkeit geborener
Musikdramatiker wie Verdi, Wagner oder Puccini. Lange Zeit schob er
unentschlossen das für ihn verfaßte Opernbuch zu einer tschechisch-my-
thischen «Šárka» von Julius Zeyer vor sich her (der junge Janáček vertonte es später). Immerhin hatte er soviel Spürsinn, um in dem «Dimitrij»-
Buch von Marie Červinková-Riegrová (1854–95) musikdramatische
Qualitäten zu erkennen. Die damals Achtundzwanzigjährige, Tochter
des bedeutenden Politikers und Führers der «Alt-Tschechen» František
Ladislav Rieger, Gattin des Schriftstellers und Gutsdirektors Václav Červinka war selber eine kulturpolitisch engagierte Schriftstellerin. Ihr «Di-

*Plakat zur Erstaufführung*

mitrij»-Libretto erhebt sich zumindest durch wirkungsvollen Szenenbau und klare Charakteristik der Figuren über das Niveau damaliger tschechischer Opernbücher, ohne deshalb ein Meisterwerk zu sein. Ein tschechisches Schauspiel von F. B. Mikovec lag zugrunde, das wiederum nur eine Adaption und Vervollständigung von Schillers «Demetrius»-Fragment war.

*Dimitrij* beginnt dort, wo Mussorgskys «Boris Godunow» geendet hat. Der Usurpator Dimitrij zieht an der Seite Marinas im Kreml ein. Ist er der echte Zarensohn, ist er der falsche, der Lügen-Dimitrij? Er selbst glaubt an seine Sendung, gerät dann in den Zwiespalt zwischen seiner Liebe zu Xenia, der Boris-Tochter, und seiner Abhängigkeit von der Polen-Partei Marinas. Als ihm die beleidigte Wojwodentochter die Wahrheit ins Gesicht schleudert, daß er nur der kleine Grischa und nichts als Werkzeug ihrer ehrgeizigen Politik sei, bricht er zusammen und wird von Schuiskij erschossen.

Dvořák zeigt sich in dieser Partitur von einer neuen Seite: als effektsicherer Komponist einer «großen Oper» mit Doppelchören, ausladenden Finales, belcantischen Arien und Ensembles. Man darf sie gewiß nicht

*Marie Červinková-Riegrová*

mit Mussorgskys «Boris» vergleichen; dort wird – halb dilettantisch und genial zugleich – Neuland des musikalischen Dramas erschlossen, im *Dimitrij* nützt ein bereits handwerkssicherer Musikant die Errungenschaften der Zeit, von «Lohengrin» bis «Aida» – ohne jedoch seine Handschrift preiszugeben. Die Lyrik von Dimitrijs Des-Dur-Gesang an den heiligen Kreml, die gefühlsgesättigte Wärme der Xenia-Musik, die auftrumpfende Mazurka-Rhythmik um Marina (ein guter alter Bekannter aus den *Slawischen Tänzen*, Nr. 1, taucht da polonisiert auf!), das ist alles so persönlich geprägt, daß die frühen Vorwürfe eines «Meyerbeerismus» heute abwegig erscheinen. Sie erklären sich nur aus den damaligen Eifersüchteleien zwischen Smetana- und Dvořák-Anhängern. Der Smetana-Papst Zdeněk Nejedlý ging soweit, zu behaupten, *Dimitrij* sei «direkt gegen Smetana gezielt», was Dvořák selbstverständlich ganz fern lag.

Eduard Hanslick war in der Premiere und schrieb in der «Neuen Freien Presse» eine sehr anerkennende Kritik, mit dramaturgischen Vorbehalten, die Dvořák sogleich durch eine Umarbeitung berücksichtigte. 1883 hielt die Oper im wiederaufgebauten Nationaltheater Einzug und behauptete sich, als erste Dvořáks, im Repertoire. Hans von Bülow empfahl sie begeistert nach Hamburg, aber keine deutsche Bühne konnte sich zur Aufführung entschließen; beim Gastspiel des Nationaltheaters 1892 in Wien blieb *Dimitrij* deutlich im Schatten der als sensationelle Entdekkung gefeierten «Verkauften Braut». Dvořák, wiederum unsicher geworden, komponierte die Partitur während seiner New Yorker Zeit ziemlich radikal um, die Nummern-Oper mehr einem rezitativischen Wagner-Stil, wie er ihn verstand, annähernd, beraubte sie aber gerade dadurch ihres Besten, ihres spontanen tschechischen Belcantos; später ließ man diese Umarbeitung zu Recht wieder fallen.

*Dimitrij* wurde Dvořáks dramatisches Schmerzenskind. Er hing an ihm mit inniger Liebe. *Die Oper «Dimitrij» ist wirklich ein Werk, das ich gerne habe, und es schmerzt mich doppelt, daß sie bisher keine Anerkennung gefunden hat. Nach dem Ausspruch Hanslicks, den Sie mir einmal mitteilten, war sie angeblich nicht theatralisch und dramatisch genug, was mich sehr ärgerte . . .*[29] Welche Beglückung wäre es für Dvořák gewesen, hätte er zu Lebzeiten den Triumph genießen können, den *Dimitrij* endlich doch außerhalb Böhmens errang! Das geschah erstaunlich spät. 1958 wurde die Oper, in der Übersetzung des Verfassers dieser Studie, vom Norddeutschen Rundfunk einstudiert und mit solchem Erfolg ausgestrahlt, daß sie binnen kurzem von Sendern in aller Welt übernommen wurde.[30] Ein Jahr später brachte die Hamburger Staatsoper, in derselben deutschen Übersetzung, *Dimitrij* erstmals auf eine außertschechische Bühne; Publikum und Presse waren sich einig darin, welches Kleinod des «unbekannten Dvořák» da zum Vorschein kam.[31]

Noch ehe *Dimitrij* im Herbst 1883 auf der Bühne des endgültig in Betrieb genommenen Nationaltheaters erschien, war dort, bei der Akademie zur Einweihung des nach dem Brand wiederhergestellten Baues, ein anderes Werk Dvořáks erklungen, die Ouvertüre *Husitská (Hussiten-Ouvertüre)*. Der gläubige Katholik als Verherrlicher hussitischen Rebellentums – zunächst ein scheinbar abwegiger Gedanke; selbst Dvořáks deutsche Freunde verstanden dies nicht, obwohl sich Hans von Bülow in seiner unbestechlichen Trotzdem-Haltung lebhaft für das Stück engagierte. Die tschechische Smetana-Partei wiederum fand es unmöglich, daß Dvořák den Hussiten-Choral «Die ihr Gottes Streiter seid» (in Smetanas Tondichtungen «Tábor» und «Blaník» das musikalische Material der Apotheose) mit dem älteren St. Wenzels-Choral kombinierte. Dvořák tat dies nicht nur aus Gründen des wirkungsvollen Kontrasts, er handelte ganz seiner Natur entsprechend und setzte sich naiv zwischen alle Stühle.

Die Zeit war bereits mit nationalistischem Zündstoff geladen, Tschechen und Deutsche in Böhmen hatten sich auseinandergelebt. 1882 zweigte sich aus der altberühmten Universität Karls IV., der ersten auf dem Boden des Heiligen Römischen Reiches Deutscher Nation, eine tschechische ab. Damals kamen die Prager Deutschen um Unterstützung für die Gründung eines neuen, modernen Theaters ein: der böhmische Landtag lehnte mit tschechischer Mehrheit brüsk ab. Das Neue Deutsche Theater – seit der Austreibung der Deutschen heißt es Smetana-Theater

*Hans von Bülow*

– wurde dann im Jahre 1888 als Denkmal privater deutscher (einschließlich deutsch-jüdischer) Bürgerinitiative eröffnet. Vom zugespitzten Na-
tionalitäten-Streit blieb auch der ganz und gar nicht chauvinistische
Dvořák nicht verschont. Er legte Wert darauf, daß man seinen Namen im
Ausland richtig tschechisch schreibe, obwohl er selber die tschechische
Orthographie nicht sicher beherrschte[32], und sein Katholikentum empfand er nicht als Hindernis, sich für die hussitische Sache zu begeistern,
als er den Auftrag erhielt, zu einem geplanten Hussiten-Drama die
Musik zu schreiben. Für die Tschechen bedeutet die hussitische Zeit eben
nicht so sehr eine religiös-reformatorische wie eine national glorreiche
Epoche. Andererseits sah der Musiker und Katholik Dvořák keinerlei
Bedenken, den hussitischen Rebellen-Choral, der bei Tschechen fast
automatisch antideutsche Gefühle assoziiert, mit dem frommen Choral
des heiligen Wenzel, einer historischen Symbolfigur für ungetrübte
deutsch-tschechische Gemeinschaft, zu verquicken – was ihm wiederum
tschechische Nationalisten verübelten. Für Dvořák waren der heilige

Wenzel und Hus keine Gegensätze. Als er damals einen Oratorienstoff suchte, schlug er seiner «Dimitrij»-Librettistin als Sujet *den hl. Wenzel, Hus oder so etwas Ähnliches*[33] vor. Zwei Jahre später hatte er mit Simrock, der es mit einer Dvořák verletzenden Ironie abgelehnt hatte, seine Kompositionen auch mit tschechischen Titeln herauszugeben, «nationalpolitische Auseinandersetzungen», schrieb ihm aber schließlich ganz versöhnlich: *Doch was geht uns beide die Politik an; wollen wir froh sein, daß wir nur der schönen Kunst unsere Dienste weihen können! Und Nationen, wollen wir hoffen, welche Kunst haben und representieren, werden nie untergehen, wenn sie auch noch so klein sind. Verzeihen Sie mir dies, aber ich wollte Ihnen nur sagen, daß ein Künstler auch ein Vaterland hat, für welches er eben auch festen Glauben und warmes Herz haben muß.*[34]

Und schon ganz und gar nicht beeinträchtigte der Patriotismus des Tschechen, den Dvořák übrigens im Ausland stärker hervorkehrte als zu Hause, seine Freundschaft zu Brahms. Im Herbst 1883 besuchte er ihn in Wien. Er berichtete an Simrock: *Wir waren jeden Tag zu Mittag und Abend beisammen, wo wir über die Menschen geplaudert haben. Der Umgang mit mir scheint ihn gefreut zu haben. – Und ich bin wahrhaftig durch seine Liebenswürdigkeit als Künstler und Mensch so entzückt, daß ich ihn lieben kann! Welch ein Gemüth und Seele in dem Manne steckt! Sie wissen ja, wie er selbst gegen seine liebsten Freunde und Musiker sehr zurückhaltend ist, was nämlich sein Schaffen anbelangt, aber mir gegenüber war er es nicht.*[35]

Daß ein tschechischer Künstler, ob Komponist, Schriftsteller, Maler oder Sänger, seinen Weg in die internationale Geltung über Wien oder eine der deutschen Kulturhauptstädte wie Berlin, Dresden oder Hamburg antrat, war in der zweiten Hälfte des 19. Jahrhunderts der selbstverständliche Normalfall. So auch bei Dvořák. Die freundschaftliche Förderung, die er durch Brahms, Joachim, Richter und andere einflußreiche Persönlichkeiten des deutschen Musiklebens gefunden hatte, bedeutete zwar, daß der Name Dvořák nicht mehr nur, wie der seines Landsmannes Smetana, einen bloß nationalen Klang hatte, aber noch längst nicht, daß er außerhalb des deutschen Kulturbereichs bekannt war. Um so emphatischer werden deshalb von den tschechischen Musikhistorikern die Erfolge gefeiert, die Dvořák bei seinen Dirigier-Gastspielen in England feierte. Der Dvořák-Biograph Šourek resümiert ihre Bedeutung, indem er sie mit der tschechischen Musik schlechthin gleichsetzt: «... Musik eines Volkes, von dessen Existenz die Bewohner Albions sonst vielleicht keine Ahnung gehabt hätten! Kann jemand die große künstlerische und kulturelle Bedeutung dieser Erfolge Dvořáks bestreiten?»[36]

Noch in solcher Übertreibung – schließlich war die Existenz des tschechischen Volkes nicht von einer noch so glänzenden Musikrepräsentation abhängig – steckt ein Korn Realität. Als Dvořák zum erstenmal die Engländer begeisterte, war er selbst den Fachkritikern so unbekannt, daß sie sich auf dem Umweg über deutsche Quellen informierten. Als er, nach seinem fünften England-Besuch, die Insel verließ, hatte er sie, soweit sie an zeitgenössischer Musik teilnahm, wahrhaft erobert, und sein Name konkurrierte in England an Ruhm mit Brahms; «böhmischer Brahms» tituliert zu werden, das war wahrhaft ein Ehrentitel. Für Dvořáks Landsleute, die aus der Perspektive des sich verschärfenden deutsch-tschechischen Nationalitätenstreits immer empfindlicher auf jahrhundertealte Abhängigkeiten von allem Deutschen reagierten, bedeutete Dvořáks glanzvolle Anerkennung durch die fernen, scheu verehrten Briten mehr als ein musikalisches Faktum: nämlich die internationale Sanktionierung nationaler Qualitäten außerhalb des deutsch-österreichischen Traditionsbereichs.

Wenige Jahre später, als Dvořák selbst jenseits des Ozeans als Großmeister begehrt wurde, als auch Smetana endlich, mit der begeisterten Entdeckung der «Verkauften Braut» durch die arroganten, tschechenverachtenden Wiener, postum als Genie eingestuft war, erschien ein solches Auftrumpfen nicht mehr ganz so wichtig. Im Jahre 1884 jedoch wirkte die Einladung eines tschechischen Komponisten durch die Londoner Philharmonic Society wie eine Sensation. Dvořák sollte in London eigene Werke dirigieren. Niemand hatte je seinen älteren, zu Hause viel berühmteren Landsmann Smetana zu dergleichen aufgefordert. Dabei war

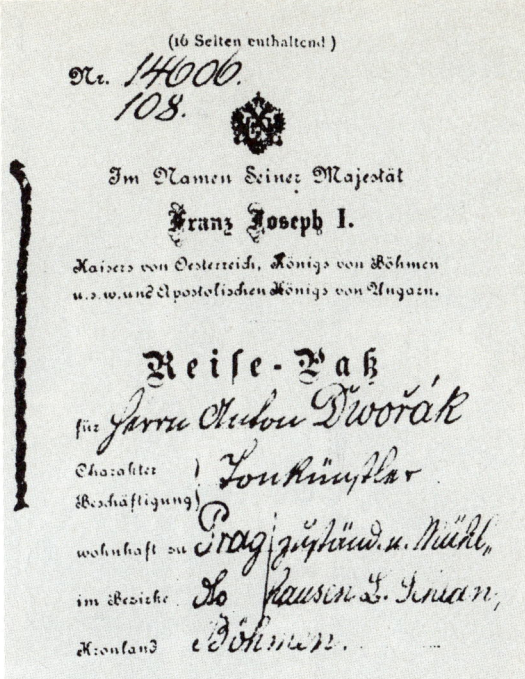

die Einladung keinesfalls so ungewöhnlich, wie nationalistische tschechische Musikhistoriker es darstellen.

England, unter der Herrschaft der Queen Victoria auf dem Gipfel der Weltgeltung angelangt, glänzte in den achtziger Jahren durch zivilisatorische Attraktionen, mußte jedoch das törichte Vorurteil eines «Landes ohne Musik» durch betonte, weltoffene Gastlichkeit entkräften. Seit dem großen Barockmeister Purcell hatte es keinen Komponisten von internationalem Rang mehr hervorgebracht, durch seinen Reichtum jedoch vielen kontinentalen schöpferischen Kräften Entfaltung ermöglicht, und zwar nicht nur Genies, von Händel bis Mendelssohn. Eine von Händel, dem Wahl-Engländer, initiierte Chortradition wirkte um 1880 immer noch lebendig weiter. Nirgends außerhalb Deutschlands gab es so viele ambitionierte, so massenhaft besetzte Chöre wie in England.

Was nun Dvořák betrifft, so hatten Hans Richter, der deutsche Star-Dirigent in England, und das Joachim-Quartett den Boden für den unbekannten «Böhmen» (im englischen Sprachgebrauch der damaligen Zeit vazierte der Begriff «Bohemian» ziemlich ahnungslos-uninteressiert

*Das Joachim-Quartett*

zwischen «Zigeuner» und «Tscheche») gut vorbereitet. Die Philharmonic Society in London hatte bereits, unter Richters Taktstock, die *Slawischen Tänze* und die *Slawische Rhapsodie* mit gutem Widerhall aufgeführt, und so war es, angesichts der typisch englischen Art persönlicher Kontakte, nur folgerichtig, wenn man den unbekannten Urheber so liebenswürdiger Klänge ans Dirigentenpult einlud – mit eigenen, möglichst neuen Werken.

Das geschah im Jahre 1884. Ein Jahr früher war Dvořáks *Stabat mater* unter dem englischen Dirigenten Sir Joseph Barnby aufgeführt worden – merkwürdigerweise, trotz eindeutigem Erfolg, mit spärlichem Echo bei der Prager Kritik. England war einfach zu weit weg. Jetzt aber, im März 1884, erschien Dvořák leibhaftig jenseits des Kanals, in Begleitung des Pianisten und Fürstenbergischen Hofkomponisten Jindřich Kàan (erst viel später wagte er die Reise allein), herzlich begrüßt, schon in Dover, von einem Landsmann, dem in England tätigen Militärkapellmeister L. J. Zavrtal, in der Hauptstadt dann von Henry Littleton, dem Chef des großen Musikverlages Novello. In dessen Prachtvilla in Sydenham wohnte Dvořák bei seinen späteren Londoner Besuchen. Diesmal beherbergte ihn der in London wirkende deutsche Pianist Oskar Beringer, nach Dvořáks Worten *Muster eines Musikanten, ein Ehrenmann, der mich geradezu auf Händen trägt.* Die Aufführung von Dvořáks *Stabat mater* unter der Leitung des Komponisten, in der riesigen, pantheonartigen Royal Albert Hall, wurde ein um so sensationellerer Erfolg, als der Dirigent Dvořák in England ein noch unbeschriebeneres Blatt war als der Autor. Die «Times» referierte von einer «vollendeten Wiedergabe» durch einen offenkundig erfahrenen Dirigenten, die «Morning Post» rühmte Dvořáks «ruhige, unauffällige und doch feste Art» zu dirigieren. Sicher war er nicht das, was man einen Pult-Star nennt, und später äußerte er sich einmal grimmig darüber, daß er so oft mit der Rechten «herumfuchteln» müsse, obwohl er lieber mit ihr dreinschlüge . . .

Die Weltstadt London, und wie sie ihn aufnahm, bedeutete für Dvořák ein überwältigendes Erlebnis. Seinem Vater schrieb er nach Kladno: Damit *Ihr nur einen kleinen Begriff davon bekommt, wie dieses London aussieht, und wie ungeheuer groß es ist, laßt Euch also dies sagen: Wenn man die ganze tschechische Bevölkerung in ganz Böhmen im ganzen nähme, dann wäre es noch immer nicht soviel, wie London Einwohner zählt! Und wenn die gesamte Einwohnerschaft Kladnos den ungeheuren Saal besuchen würde, wo ich mein Stabat mater dirigiert habe, so wäre dort immer noch Platz genug; denn so kolossal groß ist diese Albert Hall!*[37] Seinem Freund Karel Bendl berichtete er nach Hause: *Stell Dir das Neustädter Theater etwa fünfmal so groß vor, dann begreifst Du, was die Albert Hall ist, wo 10000 Menschen das Stabat mater hörten und 1050 Musiker und Sänger spielten und sangen und dazu diese kolossale Orgel!*[38]

71

*Die Albert Hall in London*

In dem erwähnten Brief an den Vater steht, echt dvořákisch, dicht nebeneinander Stolz und dankbare Demut: *Ich kann Euch gar nicht sagen, wie diese Engländer mich auszeichnen und mögen! Überall schreiben und reden sie von mir und behaupten, ich sei der Löwe der diesjährigen Musiksaison in London! . . . In einigen Zeitungen war auch von Euch die Rede, daß ich von armen Eltern abstamme und daß mein Vater Fleischer und Gastwirt in Nelahozeves war und daß er alles tat, um seinem Sohn die rechte Erziehung zu geben! Ehre sei Euch dafür!*[39]

Zwei weitere Konzerte mit Dvořák-Werken, darunter der *D-Dur-Symphonie*, hatten ähnlichen Erfolg; es gab Bankette, Einladungen und, was am wichtigsten war, Kompositionsaufträge. Diesmal berichteten die Prager Zeitungen ausführlich und stolzgeschwellt über den Triumph des Landsmannes, man gab Ehrenakademien für ihn. Dennoch beschattete die Rivalität der Smetana- und der Dvořák-Fanatiker die glorreiche Heimkehr. František Pivoda, der als Musikkritiker gegenüber Smetana eine ähnliche Rolle spielte wie Hanslick gegenüber Wagner und Bruckner und den Smetana-Verehrern verhaßt war, hatte zu einem öffentlichen Empfang Dvořáks auf dem Prager Bahnhof aufgerufen; gerade darum blieb die musikalische Delegation der Künstlerischen Vereinigung fern. Man darf nicht vergessen, daß diese Zeit des höchsten Ruhmes Dvořáks mit der von Smetanas tragischem Niedergang zusammenfiel. Wenige Wochen später mußte dieser in die Prager Landesirrenanstalt eingeliefert werden; dort starb er im Mai, während Dvořák in Vysoká aus vollen Zügen ein dreifaches Glück genoß: familiäre Zufriedenheit, Einssein mit der Natur und neu bestätigte Schaffenskraft.

Von den 3500 Mark, die Simrock für die *Hussiten-Ouvertüre* und den *Böhmerwald-Zyklus* überwies, und von den Erträgnissen der ersten England-Reise konnte sich Dvořák einen Herzenswunsch erfüllen. Er kaufte von seinem Schwager Graf Kaunitz einen alten Schafstall in Vysoká, ließ ihn zu einem einstöckigen, gemütlichen Landhaus ausbauen, das groß genug war für die wachsende Familie, das ein ruhiges Arbeitszimmer mit Klavier – und den Frieden der innig geliebten ländlichen Natur bot. Fortan flüchtete Dvořák jedes Jahr, vom Frühling bis zum Herbst, aus Prag in das Bergarbeiterdorf in der flachwelligen Landschaft um Příbram, deren stille Wälder mit den moorigen Tümpeln ihn anheimelten. Er saß gerne mit den Dorfbewohnern im Wirtshaus zusammen, freundete sich mit manchen an, wie mit dem Richter Antonín Rus im nahen Mirovice, gärtnerte mit Hingabe und züchtete Tauben. Tiefe Zufriedenheit spricht aus Dvořáks Briefen aus jener ersten, besitzerstolzen Zeit von Vysoká, ob er nun von der Beseligung durch einen Sonnentag schreibt, oder ob er Simrock humorig berichtet, *daß in unserer Familie wieder ein neues Opus (ein Bube) mehr ist! Also sehen Sie, eine neue Symphonie und ein Bube dazu! Was sagen Sie zu dieser schöpferischen Kraft?*[40] Bei der Symphonie handelte es sich um die siebente, in d-moll, ein Auftrag der Londoner Philharmonic Society.

Daß so bedeutende Werke wie diese Symphonie und das Oratorium *Die heilige Ludmila* ihre Entstehung den neuen Kontakten Dvořáks mit England verdankten, ist sicher noch wichtiger als die persönlichen Erfolge des dirigierenden Komponisten auf der Insel, auch wenn sie mit seinem Ruhm seinen Wert als Autor und Verlagspartner steigerten.

Das mußte Simrock erfahren, der für die *d-moll-Symphonie* zunächst nur 3000 Mark anbot, aber bei dem bis dahin so bescheidenen Dvořák auf Granit biß. *Wenn ich Ihnen die Symphonie um M 3000 gebe, dann habe ich etwa M 3000 verloren, weil mir andere Firmen die Summe* (gemeint sind 6000 M.) *dafür bieten . . . keine Symphonie, keine großen Vokalwerke und keine Instrumentalmusik schreiben, und hie und da vielleicht ein paar Lieder, Klavierstücke oder Tänze und ich weiß nicht alles was herausgeben: und das kann ich als Künstler, der etwas bedeuten will, eben nicht! Ja, sehen Sie, mein lieber Freund, so betrachte ich es von meinem künstlerischen Standpunkt . . . Bitte, bedenken Sie, daß ich ein armer Künstler und Familienvater bin . . .*[41]

Dvořák bekam die 6000 Mark. Aber ein «armer Künstler» war er längst nicht mehr. Die Engländer zahlten hervorragend, sie feierten Dvořák bei seinem zweiten Auftreten im Herbst 1884 beim Musikfest in Worcester, und noch mehr, als er mit neuen Werken erschien: im April 1885 mit der *d-moll-Symphonie* in der St. James Hall in London, im August darauf beim Festival in Birmingham mit der *Geisterbraut* und im Oktober 1886 mit der *Heiligen Ludmila* beim Musikfest in Leeds. Aufführungen mit dem großen Chorapparat, den die englische Händel-Pflege für angemessen hielt (500 Chorsänger in Birmingham, 350 in Leeds), überall Ovationen und höchst anerkennende Fachkritik, die sich zumal von der neuen Symphonie begeistert zeigte und sie Brahms an die Seite stellte.

*Die Geisterbraut* nannte Dvořák in der Euphorie des Schaffensglückes zwar selber ein Werk, *das alle meine bisherigen übertrifft*, aber dieses Urteil träfe auf die Symphonie und das Oratorium viel eher zu. Nach langem Schwanken hatte Dvořák, da die Engländer eine Chorkantate wünschten, zu einem balladesken Gedicht von Karel Jaromír Erben

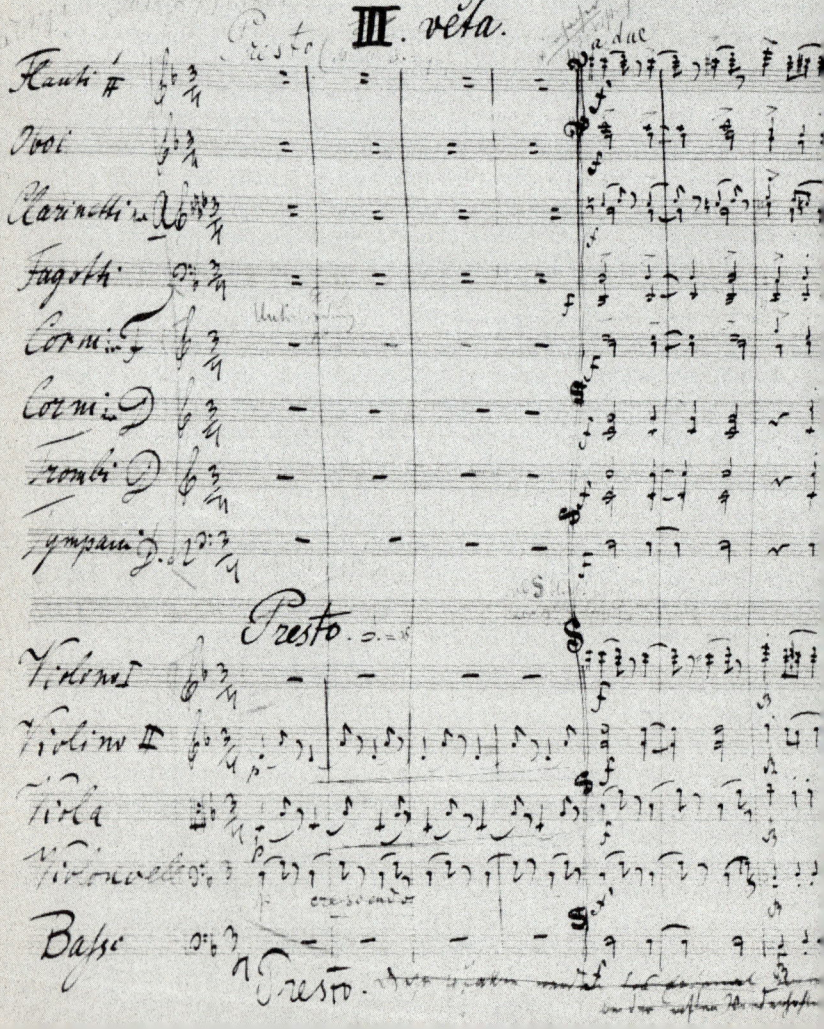

(1811–70) gegriffen, das einen durch die Volksdichtung halb Europas, von Serbien über Rußland bis Schottland, geisternden Stoff behandelt. Er liegt auch Gottfried August Bürgers Gedicht «Lenore» zugrunde; bei Dvořák geht die grausige Geschichte von der Braut, die von ihrem toten Geliebten auf den Friedhof entführt wird, versöhnlich aus; ein inbrünstiges Gebet verscheucht das Gespenst am Ende. Das a-moll-Hauptthema hält die sieben Teile der Kantate für Chor, Soli und Orchester einigermaßen zusammen. Dvořák betont die lyrischen Elemente vor den dramatischen, was der Schlagkraft des Werkes – abgesehen von seinem heute schwierig nachzuvollziehenden Sujet – nicht eben dient. Der tschechische Titel heißt wörtlich «Die Hochzeitshemden», aber der englische

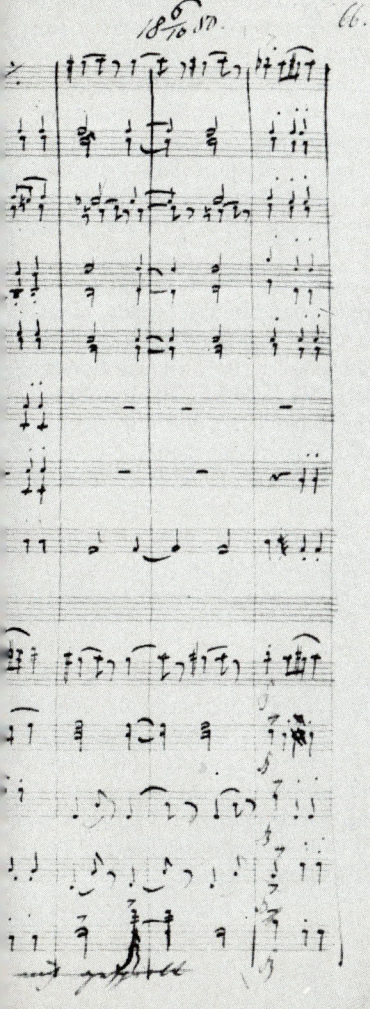

*Skizze zur 4. Symphonie in D-Dur*

Übersetzer, ein Geistlicher, empfand ihn offenbar als unschicklich und wählte «The Spectre's Bride», woran sich dann auch der gebräuchliche deutsche Titel orientierte.

Bedeutender ist das Oratorium *Die heilige Ludmila*. Nicht nur weil es umfangreicher und das erste große tschechischsprachige Oratorium überhaupt ist. Im musikalischen Reichtum ähnelt es der Oper *Dimitrij*, mit der es auch durch die glanzvolle Entfaltung der Chöre und durch den lyrischen Duktus von Ludmilas Solo-Arien verbunden ist. Dvořák schwebte eigentlich ein mehr tschechisch-patriotischer Text vor; vorübergehend dachte er sogar an ein Sujet, das hussitischen religiösen Fanatismus verherrlichte. Es ist bezeichnend für seine literarische, letztlich nur nach musikalischen Chancen urteilende Naivität, daß er sich für ein Libretto entschloß, das Tschechisch-Patriotisches ganz im Christlichen untergehen ließ. Der Dichter Jaroslav Vrchlický (1853–1912) hatte ihm das Buch verfaßt. Er zählt als Epiker, Lyriker, Übersetzer und Essayist zu den Klassikern der tschechischen Literatur, ein hochgebildeter und etwas unbedenklich reimlustiger Mann. Die blumige Poesie und Geschwätzigkeit, mit der er die Christianisierung der Fürstin Ludmila und ihre Vermählung mit dem gleichfalls getauften Herzog Bořivoj darstellt, ein historisches Ereignis des 9. Jahrhunderts, liefert zwar musikable Verse und Nummern, nicht zugleich jedoch ein wirklich fesselndes Libretto.

Die Engländer, an Händel-Dimensionen gewöhnt, akklamierten auch die dreieinhalbstündige Aufführung (mit englisch übersetztem Text) begeistert; Dvořák selber wütete später, als er eine praktikable Fassung für die Bühne herzustellen suchte, geradezu mörderisch mit dem Rotstift in der Partitur. Befreit von lähmenden Wiederholungen und Breitschweifigkeiten, hat das Oratorium auch bei deutschen Aufführungen in der Mitte des 20. Jahrhunderts eine starke Wirkung ausgeübt. Namentlich in den Chören, mit fugierten Sätzen, zeigt sich Dvořák als Meister lapidarer Monumentalität. Das Vorbild Händel ist unverkennbar.

Das überragende Werk, die wertvollste Frucht der England-Reisen ist zweifellos die *d-moll-Symphonie*. Wichtiger noch als die glänzende Uraufführung im April 1885 in der St. James Hall, mit dem Londoner Philharmonic Orchestra unter Dvořáks Taktstock, wurden für die weitere Verbreitung die in den nächsten Jahren folgenden Wiedergaben durch die deutschen Dirigenten Hans Richter, Hans von Bülow und Arthur Nikisch, die den Ruhm des Symphonikers Dvořák international verbreiteten, sogar bis Boston. Brahms' dritte Symphonie – der Komponist hatte sie seinem Freund aus Prag selber am Klavier vorgespielt – bildete das anspornende Vorbild; Dvořáks *Siebente Symphonie* wurde dann zwar, gegenüber der vorangegangenen, betont «tschechischen», in ihrer Objektivierung der musikalischen Diktion seine «brahmsischeste», aber doch etwas ganz anderes als das abgeklärte F-Dur-Vorbild.

Um 1885

Schon die gewählte Moll-Tonart – für Dvořák symbolhaltig – kündigt den kämpferischen Grundcharakter an. Motivische Verbindungslinien führen zur *Hussiten-Ouvertüre*, und man muß schon den Furiant-Rhythmus des *d-moll-Scherzos* ignorieren, um dem Werk, wie es oft geschieht, seine tschechisch-nationalen Züge abzusprechen. Der beethovenische Symphonietypus ist hier dvořákisch-musikantisch erneuert. Kein Programm bietet freilich den Schlüssel zu absolut musikalischen Werten. Dvořák selber äußerte sich einmal: *Gerade heute habe ich das Andante meiner neuen Symphonie beendet und bei dieser Arbeit war ich wieder so glücklich und selig, wie es bisher immer war, und möge Gott geben, daß es auch weiterhin so bleibt, denn mein Wahlspruch ist und bleibt: Gott, Liebe, Vaterland! Und nur das führt einzig zu einem glücklichen Ziel!*[42] Auch dies ist ein Programm, ein freilich ganz unliterarisches, und man kann die Wahlspruch-Trias in der *d-moll-Symphonie* verwirklicht finden: im Gebet jenes tiefen Andante, im Eros der Gesangsthemen, im dramatischen Optimismus der Gesamtkonzeption.

Die Komposition der zweiten Reihe der *Slawischen Tänze* – an deren von Simrock gewünschte Orchestrierung Dvořák gar nicht recht gehen wollte – vervollständigte die reiche künstlerische Ernte dieser Jahre. Von kleineren Kompositionen verdienen die vier Lieder *Im Volkston* als Zeugnisse von Dvořáks Fähigkeit, Folklore zu sublimieren, Erwähnung; zusammen mit den zwei in Sydenham spontan – auf eine deutsche Übersetzung! – komponierten zwei tschechischen Volksgedichten bilden sie eine reizvolle kleine Reihe dvořákischer Volkslieder. Eine Reise nach Berlin, im November 1884, wo die *Hussiten-Ouvertüre* mit den Berliner Philharmonikern größeren Beifall fand als das von Anna Grosser-Rilke (einer Tante des Dichters) gespielte Klavierkonzert, bestätigte den Ruhm des Komponisten und Dirigenten (in dieser Eigenschaft trat er zum erstenmal in Deutschland auf) Anton Dvořák: daß sein Name originalgetreu auf den Noten und Programmzetteln erschien, hatte er, trotz gereizter Korrespondenz mit Simrock, immer noch nicht durchgesetzt.

*Die Villa «Rusalka» in Vysoká bei Příbram*

Dvořák mit
seiner Frau
in London, 1886

Mit den Triumphen in England, mit den Werken dieser Jahre erreichte Dvořák den ersten Lebensgipfel. Die Erfolge schmeichelten ihm, der neue Wohlstand tat ihm gut, nichts von beidem warf ihn aus der Bahn seiner charakterlichen und künstlerischen Verwirklichung. Als ihn ein tschechischer Chordirigent einmal anschmeichelte, antwortete Dvořák: *Ich muß Ihnen ehrlich bekennen, daß Ihr geschätztes Schreiben mich einigermaßen betroffen gemacht hat, und zwar wegen seiner übergroßen Devotion und Demut, das sieht aus, als ob Sie zu irgendeinem Halbgott sprächen, wofür ich mich niemals hielt, nicht halte und nicht halten werde. Ich bin ein ganz einfacher, tschechischer Musiker, der solche übertriebene Demütigung nicht liebt, und obwohl ich mich in der großen Welt der Musik zur Genüge bewegt habe, bleibe ich doch, was ich war — — ein einfacher tschechischer Musikant . . .*[43]

Im Sommer 1889 schrieb Dvořák an seinen alten Freund Göbl: *Sie wollen wissen, was ich tue? Ich habe den Kopf voll, wenn der Mensch das nur gleich aufschreiben könnte! Aber was nützt es, ich muß langsam machen, soweit die Hand will und das übrige wird der Herrgott geben . . . Es geht über Erwartung leicht und die Melodien fliegen mir nur so zu . . .*[44] Dieses Zeugnis der Schaffenslust ist bezeichnend für die ganze Zeit, die Dvořák zwischen seinen England-Reisen und dem Amerika-Aufenthalt in der Heimat verbrachte. Es waren Jahre, die mit der Oper *Der Jakobiner*, der *G-Dur-Symphonie*, dem *Requiem* und dem *Dumky-Trio* neue Gipfelwerke ihrer Gattung zeitigten, Dvořák große Ehrungen und ein Lehramt eintrugen: Jahre der gereiften Meisterschaft und der Ernte, der ersten Rückschau und einer überquellenden Produktivität zugleich.

Im Bewußtsein seines Wertes und seiner Verantwortung ließ er sich jetzt Zeit beim Komponieren: ein ganzes Jahr lang arbeitete er am *Jakobiner*, eine für Dvořák enorme Frist. Auch sein Verhältnis zum Hauptverleger Simrock spiegelt neues Selbstbewußtsein. Das war nicht mehr der demütige Musikant, der da, nachdem es Streit wegen der Vergabe der *d-moll-Symphonie* nach England gegeben hatte, an Simrock schrieb: *Auch Sie scheinen eine wunderbare Logik zu haben: Ich soll komponieren und Ihnen anbieten – und Sie einfach ablehnen! . . . Ja, zum Narren halten lasse ich mich doch nicht! Und wenn Sie mir mit Drohungen anfangen, müssen demzufolge meine Forderungen bedeutend erhöht werden . . .*[45] Dvořák ärgerte sich darüber, daß Simrock dauernd nur kleinere, gängige Stücke von ihm wollte, Simrock beklagte sich – formell zu Recht –, daß Dvořák entgegen der vertraglichen Abmachung seine neuen Werke auch anderen Verlegern anbot; das Zerwürfnis wurde erst drei Jahre später wieder geheilt.

Vorher hatte Dvořák seinem deutschen Verleger noch verschiedene ältere Kompositionen verkauft: *Ich habe noch so manches in meinem alten Koffer . . .* In dem begann er nun zu kramen, denn warum sollte verloren sein, was er einst mit nicht geringerer Hingabe als jetzt, da er berühmt war, geschrieben hatte? Dvořák bearbeitete seine *Symphonischen Variationen*, seine ersten Symphonien, die *Zypressen*-Lieder, er betrieb eifrig eine Wiederaufführung der Oper *Der König und der Köhler*, die aber am Nationaltheater schlampig einstudiert wurde und wiederum den Erfolg schuldig blieb. Hinter solcher Ausgräbertätigkeit – *Ich gucke jetzt gerne nach alten Sünden* – stand nicht etwa nachlassende Vitalität, sondern ein Drang, durch neugewonnene Meisterschaft ältere Kompositionen zu verbessern.

Der schöpferische Quell floß dabei üppiger denn je. Unscheinbarste Anlässe genügten. Einmal musizierte Dvořák, als gelernter Bratscher, mit zwei Dilettanten-Freunden. Der Geiger hatte technische Schwierig-

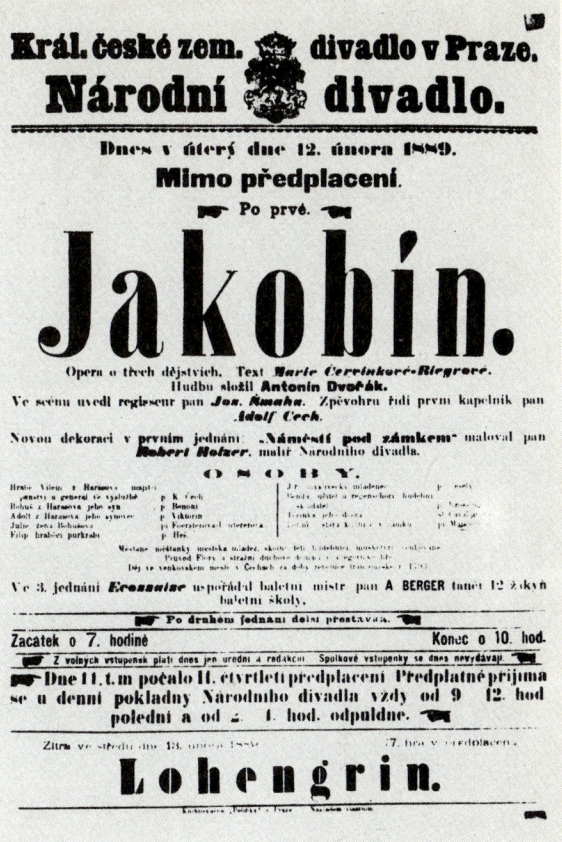

keiten mit seinem Part; schnell entschlossen schrieb Dvořák ein neues, leichteres Stück, nein: gleich zwei Trios für zwei Geigen und Bratsche; das zweite arbeitete er, nun wiederum ein praktischer Verwerter von unpraktischer Verschwendung, zu den vier *Romantischen Stücken* für Geige und Klavier um. Als er bei seinem Koffer-Kramen das Manuskript seines frühen *Klavierquintetts* nicht finden konnte, komponierte er, statt langen Suchens, ein neues, wiederum in A-Dur, und dieses op. 81 wurde ein Meisterwerk, das zu den Perlen des Genres überhaupt zählt. Das vom Cello angestimmte Hauptthema des Kopfsatzes könnte in seiner strömenden Kantabilität die repräsentative Visitenkarte von Dvořáks gesamter Kammermusik abgeben. Zugleich signalisierte das Quintett eine erneuerte «slawische Periode» Dvořáks, mit betont tschechischen Zügen.

81

*Manuskript der Partitur des Klavierquintetts op. 77*

Der zweite Satz heißt «Dumka». Diese ukrainische Tanzform, gekennzeichnet durch einen jähen Wechsel zwischen langsam und schnell,
besinnlich und tänzerisch, machte Dvořák, nachdem er inzwischen das
energisch-virtuose *Klavierquartett in Es-Dur* komponiert hatte, zum
inspirativen und formalen Thema seines berühmt gewordenen *Dumky-
Trios* op. 90 für Klavier, Violine und Violoncello. Ein in jeder Beziehung
originelles Stück Kammermusik: sechs Sätze, die das hergebrachte Sona-
tenschema auflösen und auf Umwegen – indem die ersten drei Sätze
pausenlos gebündelt werden – neu etablieren. Ein für Dvořák bezeich-

nendes Verfahren, das sich abgewandelt auch in der *G-Dur-Symphonie* wiederfindet.

Alle Enttäuschungen, die er bisher auf der Bühne erfahren hatte, konnten Dvořáks Ambitionen als Opernkomponist nicht lähmen. Zwar schob er ein ihm schon 1881 angebotenes Libretto jahrelang unentschieden vor sich her, aber als er sich dann, im November 1887, zur Vertonung entschloß, hatte ihn Begeisterung gefangen, wie eh und je. *Ich denke, diesmal werden die Zweifler mit meiner dramatischen Begabung zufrieden, wenn nicht gar überrascht sein! So wie die «Geisterbraut» und die «Hl. Ludmila» die ersten unter meinen neuen Arbeiten* (außerhalb des Theaters) *sind, ebenso denke ich, daß der «Jakobiner» die erste unter meinen Opern sein wird.*[46] Eine Prophetie, die sich erfüllte, denn *Der Jakobiner* wurde tatsächlich Dvořáks gelungenstes, inspiriertestes Werk für die Musikbühne – nächst der späteren, ganz anders gearteten *Rusalka*. Aber auch eine weitere Voraussage Dvořáks bestätigte sich: daß die Oper wegen ihres Sujets *ausgezeichnet für unsere Verhältnisse*, aber *nicht für die Welt* sei. Um ihre Karriere vorwegzunehmen: nach der Uraufführung im Prager Nationaltheater im Jahre 1889, und nach der späteren Umarbeitung durch Dvořák, wurde *Der Jakobiner* zwar ein Klassiker unter den tschechischen Opern, aber im Ausland blieb er, trotz gelegentlicher Aufführungen auf slowenisch, kroatisch, rumänisch, spanisch und deutsch, bis heute ein Fremdling.[47]

Ohne jeden triftigen Grund. Im *Jakobiner* konnte Dvořáks dramatisches Talent sich ungezwungen, herzhaft und wahrhaft musikantisch entfalten wie nie zuvor, denn Marie Červinková-Riegrová hatte ihm ein Libretto geliefert, das – nach Umarbeitungen insbesondere des dritten Aktes – durchaus bühnentüchtig, wenn auch naiv ist und vom Sujet her (eine Erzählung des Klassikers Alois Jirásek bot die Grundlage) die ergiebigsten Saiten von Dvořáks seelischem Instrumentarium ansprach. Im Mittelpunkt steht der Dorfkantor Benda, für den jeder Mensch gut ist, wenn er gut musiziert. Er ist ein klein bißchen eitel (welcher verkannte Künstler wäre das nicht), aber er hat ein humanes Herz, das wahrhaft spielend, nämlich auf Geige, Cello und Orgel, die Standesunterschiede zwischen Schloß und Volk überwindet. Dvořák setzte mit dieser liebenswürdigen Figur seinem – deutschbürtigen – Lehrer Liehmann und Hunderten von böhmischen Kantoren, die in patrimonialen Dörfern und Städtchen mit der Musikpflege auch die Fahne tschechischer Kultur durch Jahrhunderte der nationalen Enteignung trugen, ein tönendes Denkmal. Terynka hieß Liehmanns leibliche Tochter, mit der der Jüngling Dvořák einst gerne Duette sang, Terynka heißt auch Bendas Operntochter, und ihr legte der reife Komponist bezaubernde Dvořák-Volkslieder in den Mund.

Die zündendste Melodie hat er jedoch seiner – sonst ziemlich blaß geratenen – Titelfigur, dem als Jakobiner verdächtigten liberalen Grafensohn Bohuš und seiner Frau, einer «Frau aus dem Volk», vorbehalten: das ist die Weise «Musik allein» (nämlich: sie allein machte den Emigranten das Leben in Paris erträglich und verband sie mit der Heimat), acht Takte dvořákischer Herzens-Melodie, wie sie auch bei einem so verschwenderischen Melodista nur in Sternstunden der Begeisterung geboren wird. Jener Bohuš wird als vermeintlicher Jakobiner enterbt, zum guten Schluß jedoch in seine angestammten Rechte wieder eingesetzt; ein junges Liebespaar, das unter den eifersüchtigen Nachstellungen des Schloßverwalters zu leiden hat, darf sich endlich in die Arme fallen.

Jakobiner sind böse Menschen, grundherrschaftliche Aristokraten nur dann, wenn sie arglistig täuschen, aber den betrügerischen Grafen Adolf ereilt prompt die Strafe. Dvořák läßt den Liebhaber Jiří (mit einem rassigen «slawischen Tanz») keck aufsässig werden, aber nur, weil er um seine Braut bangt; und der Schloßverwalter wird nicht etwa darum abgewiesen, weil er die Grundherrschaft repräsentiert, sondern als lächerlicher alter Freier. Für Dvořák ist das patrimoniale Böhmen des ausgehenden 18. Jahrhunderts eine heile Welt, nostalgisch verklärt durch Jugenderinnerungen. Die Partitur enthält viele so köstliche Nummern wie die Kantaten-Probe beim Dorfkomponisten. Die Naivität des Ganzen würde noch nicht erklären, warum der *Jakobiner* mit allen vergleichbaren musikantischen Vorzügen nicht annähernd die internationale Geltung der «Verkauften Braut» erreichte. Eher schon ist die Sentimentalität bei der Lösung des Konflikts (der alte Graf wird durch ein Wiegenlied gerührt und weich gestimmt) heute schwer nachvollziehbar geworden; aber auch dieser Zug von Sentiment ist dvořákisch.

Während Dvořák am *Jakobiner* arbeitete, besuchte Tschaikowsky Prag. Dvořák lud den um ein Jahr älteren Komponisten zu sich in die Wohnung ein, beide verstanden sich ausgezeichnet, die Wertschätzung war gegenseitig. Tschaikowsky veranlaßte, daß Dvořák nach Rußland eingeladen wurde. Die Dirigentenreise kam dann zwei Jahre später, im März 1890, zustande. Dvořák leitete in Moskau und in St. Petersburg zwei Konzerte mit verschiedenen eigenen Werken, darunter der *F-Dur-Symphonie*. Das Publikum feierte ihn, Johannes Bartz, der Leiter des deutschen Gesangsvereins in Moskau, studierte zu des Gastes Ehren dessen *Stabat mater* ein, aber mit der russischen Kritik war Dvořák nicht zufrieden. *In den Zeitungen kümmerten sich diese Herren nicht viel um mich – ja, es war zu sehen, daß man in russischen Musikkreisen gegen mich intrigiert. O du sogenannte slawische Gegenseitigkeit, wo bist du?!*[48] Erfahrungen, die auch Smetana mit dem Mißerfolg seiner «Verkauften Braut» in Rußland gemacht hatte.

Viel ungeteilter war Dvořáks Erfolg in Deutschland, wo er unter anderem in Dresden und in Frankfurt als Dirigent bejubelt wurde und wo Hans von Bülow und Hans Richter als wahre Dvořák-Apostel wirkten.

Auch England wurde nicht müde, nach dem Meister aus dem fernen Prag zu verlangen. Im April 1890 dirigierte Dvořák die eben erst in Prag aus der Taufe gehobene neue Symphonie, die achte in G-Dur, in der Londoner St. James Hall und erntete den schon gewohnten Beifall; ein Jahr später führte Hans Richter sie mit den Wiener Philharmonikern zum internationalen Erfolg. Ihr gelegentlicher Beiname «die englische» ist rein zufällig (sie erschien zuerst im Londoner Verlagshaus Novello). Viel eher könnte sie «die tschechische» heißen, jedenfalls beim Vergleich mit der vorangegangenen, Brahms-Vorbildern näheren in d-moll.

In anderer Art als in den «gewohnten, allgemein benützten und anerkannten Formen»[49] wollte Dvořák die Symphonie halten, und in der Tat: von seinen Reifesymphonien ist dies die formal freieste. Beide Ecksätze sind durch ein ähnliches, den G-Dur-Dreiklang zerlegendes Hauptthema lose miteinander verbunden; der erste Satz ähnelt mit seiner Fülle von Themen, die keinesfalls akademisch verarbeitet werden, einem Bilderbogen von lebensprühender Buntheit, das Finale kombiniert Variation mit Sonatenform; das Scherzo ist eine Walzereinlage; den emotionalen Ruhepunkt bildet ein Adagio voll tiefen Glücksgefühls, ein Abglanz von Dvořáks Naturseligkeit in Vysoká.

Die *G-Dur-Symphonie* mit ihrer stimmungshaften Bilderfreude steht in der Nachbarschaft der dreizehn Klavierstücke, die sich *Poetische Stimmungsbilder* nennen und auch Titel in der Art von Schumanns «Waldszenen» tragen (z. B. *Nächtlicher Weg, Auf einer alten Burg*), und der drei Orchester-Ouvertüren, die ursprünglich zyklisch *Natur, Leben und Liebe* hießen und später als einzelne, aber hintereinander zu spielende Werke namens *In der Natur, Karneval* – mit einem brillanten, synkopisch anspringenden Kopfthema – und *Othello* einen ersten Ausflug Dvořáks in die später bevorzugte Programm-Musik bedeuten. Zwar sind sie rein musikalisch zu erfassen, aber *Programm-Musik ist es irgendwie doch*, nach Dvořáks eigenen Worten.

Wesentlicher für sein Schaffen jener Jahre wurden die Werke, die ihr «Programm» aus den liturgischen Texten bezogen, auf die sie komponiert sind. Im *Requiem* gipfelt Dvořáks musica sacra ; die anderen beiden geistlichen Kompositionen, die *Messe in D-Dur* und das *Te Deum*, sind sogenannte Gelegenheitskompositionen – wobei die Gelegenheit als höchst willkommener Auslöser bereiter Kräfte fungierte. Die *D-Dur-Messe*, übrigens Dvořáks einzige, entstand 1887 als Auftrag des vermögenden Architekten Josef Hlávka, der mit ihr die Schloßkapelle seines Gutes bei Pilsen einweihte. Ihr Reiz liegt in der kantablen Einfachheit, wie sie einem ländlichen Gottesdienst mit Orgel entspricht (später arbeitete Dvořák deren Part für Orchester um). Pompöser gibt sich das *Te Deum* von 1892, und auch dieses ist seinem Verwendungszweck gemäß. Dvořák hatte den Auftrag, für die amerikanische Kolumbus-Feier einen oratorischen Beitrag zu komponieren, aber der englische Text kam und kam nicht, bis Dvořák sich kurzerhand entschloß, selbst einen anderen zu wählen. Die Feierlichkeit des lateinischen Te-Deum-Hymnus schien ihm für den festlichen Anlaß passend, und die vier effektvoll kontrastierenden Teile, mit Sopran- und Bariton-Soli und mächtigem Chor-Alleluja, gemahnen in ihrem Lapidarstil bald an Verdi, bald an Bruckner. Als dann der englische Text der Kantate *The American Flag* (von dem 1820 fünfundzwanzigjährig gestorbenen Amerikaner Joseph Rodman Drake) endlich eintraf, vertonte Dvořák ihn mehr pflichtgemäß als inspiriert ; seine Huldigung an die ideale Freiheit verkörpernde amerikanische Flagge steht im musikalischen Wert tief unter der «Ersatzkomposition», dem *Te Deum*.

Ohne jeden Anlaß, es sei denn dem englischen Wunsch nach irgendeinem neuen oratorischen Werk, entstand 1890 das *Requiem*. Kein bewegendes Erlebnis, wie einst beim *Stabat mater*, regte zur Sublimierung durch die Musik an. Die Komposition fällt in eine Zeit ständiger Erfolge, ungetrübter Lebensfreude und folgt unmittelbar auf deren strahlendste Manifestation, die *G-Dur-Symphonie*. Es spricht für Dvořáks einfühlende Phantasie und künstlerische Konzentration, wenn er dennoch mit der Totenmesse ein Meisterwerk dieses Genres schaffen konnte. Der liturgische Text wird in zwei Hauptteile und dreizehn Nummern aufgegliedert. Chor und Soli verzahnen sich in ständig abgewandelten Wechselkombinationen; eine einzige Nummer, das Recordare, stellt allein das Solo-Quartett heraus. Der Chor ist der vornehmliche Künder von Dvořáks musikalischen Gedanken über die letzten Dinge. Gegenüber dem *Stabat mater* gibt sich die Tonsprache persönlicher, farbiger, in Verarbeitung und orchestralem Kolorit reifer. Das einleitende Halbtonthema, das vielfach variiert wird und auch den ernsten Beschluß bildet, scheint zunächst (als Umkehrung der ehrwürdigen B-A-C-H-Formel) zu objektivieren, doch setzt sich Dvořáks unbändige Kraft, auch dem petrifizierten lateinischen Wort Emotion und tschechisch-melodische Eigenart abzugewinnen, immer wieder durch. So ist die Chorfuge *Quam olim Abrahae* auf einem mittelalterlichen tschechischen Lied «Fröhlich laßt uns singen» aufgebaut. Vergleicht man mit zweien der erlauchtesten Requiem-Vertonungen, mit der Mozarts und der Verdis, so steht Dvořák dem älteren Meister insofern näher, als alles «Opernhafte», solistisch Virtuose, auch etwa die dramatische Wucht des Dies irae, hinter der Innerlichkeit lyrischer Intimität zurücktritt. Dvořák leitete selber die glanzvolle Uraufführung 1891 beim Chorfestival in Birmingham.

Es war für ihn überhaupt eine Zeit der Ehrungen und Erfolge. Der Kaiser verlieh ihm den Orden der Eisernen Krone III. Klasse, den er in einer steifen Audienz in Wien entgegennahm; er wurde zum Mitglied der Akademie der Wissenschaften in Prag berufen; die tschechische Universität in Prag und die weltberühmte in Cambridge ernannten ihn zum Ehrendoktor. 1891 reiste Dvořák deswegen nochmals nach England, und statt der üblichen lateinischen Dissertation quittierte er den Doktorhut in s e i n e r Sprache, als Dirigent der *G-Dur-Symphonie*.

Inzwischen war in Prag am Konservatorium eine «Kompositionsschule» eingerichtet, das Konservatorium mit der alten Orgelschule zusammengelegt worden. Der Direktor, Dr. Josef Tragy, besetzte die Kompositionsschule zunächst interimistisch, trug ihre Leitung aber alsbald Dvořák an. *Ich und Professor? Laßt mich in Ruh. Meine Pflicht ist, zu schreiben, verstehen Sie, und nicht zu schulmeistern.*[50] So lautete Dvořáks erste, mit einer offiziellen Ablehnung verbundene Reaktion. Aber schließlich gab er doch nach, und fortan wirkte er elf Jahre lang, von 1891 bis 1901, als Kompositionslehrer, teils in Prag, teils in New York.

Dvořák fiel die Unterrichtung des dritten Jahrgangs der fortgeschrittenen Schüler zu; Formenlehre, Komposition und Instrumentation. Nachdem er sich einmal dazu durchgerungen hatte, einen Teil seiner Freiheit aufzugeben, nahm er seine Lehrtätigkeit sehr ernst. Von Anfang an war er ein Lehrer für Hochbegabte; andere hatten gar keine Chance. Unter den zwölf Schülern seines ersten Jahres befanden sich gleich zwei künfti-

*Ehrendoktor der Universität Cambridge, 16. Juni 1891*

*Das ehemalige Konservatorium in Prag (jetzt Künstlerhaus)*

ge Meister, Josef Suk – der als Mann von Dvořáks Tochter Otilie später ein liebevoller und vielgeliebter Schwiegersohn wurde – und Oskar Nedbal, und im nächsten Jahr kam Vítězslav Novák hinzu: alle drei bedeutende Gestalten der tschechischen Musikgeschichte im 20. Jahrhundert, Kronzeugen für die Dvořák-Schule.

Persönliche Zeugen auch für Dvořáks originelle und höchstpersönliche Unterrichtsmethoden. Daß er sich in seinem Eifer an keinen Stundenplan hielt und den Lehrplan durcheinanderbrachte, hielt man dem berühmten Mann unbürokratisch zugute. Laut Nedbal war er «einerseits ein Kamerad, andererseits ein Gott». So oder so, seine Schüler liebten ihn, auch wenn er sie durch seine Ansprüche zur Verzweiflung brachte. «Manchmal ist mir dabei zum Weinen, aber wir lernen viel dabei», seufzte Suk. Nach dem Urteil seines Schülers Josef Michl war er «ein launenhafter

89

Mensch und auch er litt – wie vielleicht jeder große Geist – an der sog. ewigen Unzufriedenheit. So z. B. gefielen ihm einige Stellen in unseren Kompositionen, er war beim ersten Eindruck geradezu von ihnen begeistert, später aber gefielen ihm dieselben Stellen nicht mehr und er forderte, daß sie geändert, verbessert oder sogar entfernt und durch andere ersetzt würden.»[51] Suk rühmt Dvořáks gewaltige Werkkenntnis: «Bach, Händel, Gluck, Mozart, Beethoven, Schubert, Berlioz, Wagner, Liszt – Werke all dieser Meister kannte er bis aufs kleinste. Die italienische Musik unterschätzte er keineswegs und er teilte auch nicht die damalige Meinung, es wäre ‹Leierkastenmusik›. Auch sonst entging ihm kein Fortschritt, er studierte Bruckner, interessierte sich für Richard Strauss und freute sich, wenn er bei seinen Schülern ein Streben nach neuer und selbständiger Ausdrucksweise fand.»[52] Akademisch-trocken war seine Lehrmethode sicher nicht. Einmal stellte er die Frage, «was Mozart ist». Alle theoretischen Antworten befriedigten ihn nicht, schließlich zog er den Schüler am Ärmel zum Fenster, deutete empor und sagte: *Also merken Sie sich das: Mozart ist die Sonne!*[53] Komponieren nannte er «aus wenig viel machen, sehr viel», und zwar «etwas Neues»: *Nur der ist ein echter Komponist, der etwas Originales schafft!*[54]

1891 erhielt Dvořák ein telegrafisches Angebot aus Amerika: er sollte seine Lehrtätigkeit von Prag nach New York verlegen. Eine sensationelle Offerte, wie sie nie zuvor ein Tscheche erhalten hatte, mit Bedingungen, die unwiderstehlich erschienen. 15 000 Dollar für nur acht Monate Unterricht (das entsprach über 30 000 Gulden, während das Prager Konservatorium 1200 Gulden jährlich zahlte), dazu zehn Konzerte mit eigenen Kompositionen. Dennoch lehnte Dvořák zuerst ab und schwankte lange; die Abwesenheit vom geliebten Vysoká, die fremde Welt, alles schien ihm unbehaglich. Aber Mrs. Jeanette M. Thurber (1852–1946), millionenschwere Gründerin des New Yorker National Conservatory, hatte es sich nun einmal in den Kopf gesetzt, ihr Institut mit einer europäischen Koryphäe aufzuwerten. Sie ließ nicht locker, und schließlich unterschrieb Dvořák einen Vertrag als Direktor.

Das Prager Konservatorium beurlaubte ihn. Auf einer Tournee durch die kleineren Städte Böhmens nahm er Abschied von der Heimat, und Mitte September 1892 machte sich Dvořák auf die große Reise nach den USA, begleitet von seiner Frau, den Kindern Otilie und Antonín – vier weitere Sprößlinge blieben bei der Schwiegermutter in der Korntorgasse zurück – und des jungen Tschecho-Amerikaners Josef Jan Kovařík, der gerade seine Studien als Gast des Prager Konservatoriums beendet hatte und von Dvořák als landeskundiger Reisebegleiter angeheuert worden war.

Ein neues, kurzes, aber schöpferisch bedeutungsvolles Kapitel im Leben Dvořáks begann.

*Jeanette M. Thurber*

Ende September 1892 traf die Familie Dvořák mit dem Dampfer «Saale» des Bremer Norddeutschen Lloyd in New York ein. Manhattan hatte damals noch nicht seine grandiose Skyline, die paar hohen Häuser im Südteil kratzten noch nicht die Wolken, aber Dvořák fand schon die Freiheitsstatue und die zahllosen Schiffe im Hafen überwältigend – *diese Aussicht ist berauschend.* Daß ihn, außer dem Sekretär des Konservatoriums, eine tschechische Delegation willkommen hieß, heimelte ihn an, die ungewohnte Reportergeschäftigkeit (viele Zeitungen und Zeitschriften würdigten seine Ankunft) ließ er über sich ergehen. Nach kurzem Hotelaufenthalt wurde eine Wohnung in der East 17th Street in Manhattan gemietet, fünf Zimmer in einem dreistöckigen Haus gegenüber dem kleinen Stuyvesant Park. Dort wohnte Dvořák während seines ganzen Amerika-Aufenthalts. Er hatte nur wenige Minuten zum Konservatorium. An drei Wochentagen gab er vormittags Kompositionsunterricht – seine Klasse zählte acht Schüler, darunter mehrere Neger –, an zwei Tagen probte er nachmittags mit dem Schülerorchester. Von den administrativen Geschäften des Direktors war er weitgehend durch einen Sekretär befreit.

Dvořák führte in New York die ganze Zeit über ein bequemes und sorgloses Leben, und es gefiel ihm von Anfang an in Amerika. *Und wie denn auch nicht, es ist ja so schön und frei hier . . .* schrieb er bald nach Hause.[55] Auch der demokratische Lebensstil sagte ihm zu: *Was mir ungemein gefällt, das ist, daß man in Amerika keinen Unterschied zwischen einem Herrn und einem gnädigen Herrn macht. Man gebraucht nicht den Titel gnädiger Herr. Der Millionär kommt zum Bedienten und sagt: Herr! – und der Bediente, obwohl er weiß, daß er mit einem Millionär spricht, sagt zu ihm ebenfalls: Herr! Sie sind also beide Herren – bis auf die Millionen!*[56] Die Naivität des in einer patriarchalischen Ständegesellschaft aufgewachsenen demokratischen Mitteleuropäers spricht daraus, aber dem nüchternen Kleinbürger, der frühzeitig genau rechnen gelernt hatte, imponierte es auch, daß man Konzerte, die eben erst zu horrenden Eintrittspreisen gegeben wurden, wenig später zu sehr niedrigen für die ärmere Bevölkerung wiederholte oder daß an seinem Konservatorium begabte Schüler ganz kostenlos, auf Stipendien, studieren konnten.

Seine Lebensgewohnheiten behielt Dvořák auch in New York bei. Er stand früh um sechs auf, ging in den nahen Central Park oder zum Hafen spazieren, immer in Begleitung, meistens Kovaříks, der mit der Familie die Wohnung teilte; Dvořák litt seit einiger Zeit unter Platzangst. Zu seinem Lokomotiventick kam jetzt das Hobby für Ozeandampfer: «Es gab kein Schiff, das wir nicht betreten und ganz durchgestöbert hätten. Bei solcher Gelegenheit plauderte der Meister mit dem Kapitän des

*Familie Dvořák, vor dem Haus Nr. 327 in der East 17th Street*

Schiffes, dann mit seinen Assistenten, und so kannten wir binnen kurzem jedes Schiff, alle Herren Kapitäne und Offiziere mit Namen», berichtet Kovařík.[57] Nach sechs Uhr abends ging Dvořák grundsätzlich nicht mehr aus dem Haus. Das Musikleben ignorierte er, außer den Konzerten der Philharmonie, in der Metropolitan Opera war er in den ganzen zweieinhalb Jahren nur zweimal! Einladungen lehnte er ab, lieber verbrachte er die Abende in der Familie, meistens beim Kartenspiel.

Dieses New Yorker Musikleben war das bei weitem reichste in den damaligen USA. Die Metropolitan Opera, die italienisch, deutsch und französisch spielte, repräsentierte als einzige in dem Riesenland Opernkunst – europäische natürlich. Gaben in der Met italienische Gesangsstars den Ton an, so in den Konzertsälen deutschbürtige Dirigenten und

93

Musiker. Mit dem New Yorker Philharmonic Orchestra, das Anton Seidl leitete, konkurrierte die von Leopold Damrosch gegründete New York Symphony Society, das altberühmte Boston Symphony Orchestra gastierte regelmäßig, viele Chorvereinigungen pflegten Oratoriengesang. Das Repertoire wurde von der deutschen klassischen und romantischen Musik dominiert, aber auch mehrere Werke Dvořáks waren schon in New York bekannt.

Eine amerikanische Kunstmusik von Rang und Eigenart gab es noch nicht. Zwar wurden Lieder wie Stephen Collins Forsters «Old Folks at Home» und andere, die Züge von Negro Spirituals europäisch einfärbten, sehr populär, aber der damals namhafteste Komponist Edward Alexander MacDowell wurzelte in der deutschen Romantik. Von Dvořáks Wirken in der musikalischen Hauptstadt Amerikas erwartete Mrs. Thurber nicht nur eine Aufwertung ihres eigenen Lehrinstituts, sondern auch eine Befruchtung der amerikanischen Musik. Bald nach dem Beginn seiner Tätigkeit als Lehrer und Dirigent – mit begeistert akklamierten Aufführungen unter anderen des *Te Deum* in Boston, der *D-Dur-Symphonie* und des *Requiem* (dieses unter Nikisch) in New York – geriet Dvořák in die amerikanischen Auseinandersetzungen über eine künftige Nationalmusik. Divergierende Ansichten standen einander gegenüber. Während die einen auf die schöpferische Verwertbarkeit der Indianer- und Neger-

Folklore schworen, lehnte MacDowell (obwohl er selber eine «Indian Suite» schrieb) diese Theorie ab: «Trotz Dvořáks Bemühen, die amerikanische Musik in ein Negergewand zu kleiden, meine ich, daß solche fremde Künstlichkeit keinen Platz in unserer Kunst haben sollte, wenn es unseres freien Landes würdig sein soll.»[58] Dvořák hingegen bekannte schon in einem vom «New York Herald» im Mai 1893 veröffentlichten Interview: *Ich bin jetzt überzeugt, daß die zukünftige Musik dieses Landes auf der Grundlage der Lieder aufgebaut werden muß, die Negermelodien genannt werden. Diese müssen die Grundlage einer ernsten und ursprünglichen Kompositionsschule werden, die in den USA zu begründen ist.*[59] In einem bald darauf folgenden Leserbrief, ebenfalls im «New York Herald» abgedruckt, wiederholte Dvořák diese Argumente, strich aber zugleich das National Conservatory derart heraus, daß man dahinter die Handschrift der bei allem Idealismus doch sehr geschäftstüchtigen Mrs. Thurber vermuten kann. So oder so, das Bekenntnis des berühmten Komponisten zu einer amerikanischen Nationalmusik erregte in der musikalischen Öffentlichkeit großes Aufsehen und verdoppelte die Neugier auf sein erstes amerikanisches Werk, zumal diese Symphonie den demonstrativen Titel *From the New World* trug (Dvořák hatte ihn erst ganz zum Schluß spontan auf die Partitur geschrieben).

Die Uraufführung am 16. Dezember 1893, durch das New York Philharmonic Orchestra unter Anton Seidl in der Carnegie Hall, wurde zu einem überwältigenden Triumph. Schon über die Generalprobe hatten die Zeitungen ausgiebig geschrieben. Stolz berichtete Dvořák an Simrock: *Der Erfolg der Symphonie am 15. und 16. Dezember war ein großartiger, die Zeitungen sagen, noch nie hätte ein Componist einen solchen Triumph. Ich war in der Loge, die Halle war mit dem besten Publikum von N. York besetzt, die Leute applaudierten so viel, daß ich aus der Loge wie ein König!? alla Mascagni in Wien (lachen Sie nicht!) mich bedanken mußte. Sie wissen, daß ich mich solchen Ovationen gern entziehen kann, aber ich mußte es tun und mich zeigen!*[60] Nicht nur die Musikwelt war sich eines außerordentlichen Ereignisses bewußt, der Name Dvořáks wurde sogar in der Geschäftswelt populär, man verkaufte Kragen, Krawatten und Stöcke mit der Bezeichnung Dvorak.[61]

Diese Symphonie *Aus der Neuen Welt*, in e-moll, Dvořáks neunte und letzte, wurde des Komponisten populärste und welterfolgreichste. Wie in einer Synthese sind hier die Vorzüge der vorangegangenen beiden, formale Klarheit der siebenten und sprühende Einfallsfülle der achten, vereinigt und gesteigert: durch die thematische Verzahnung aller Sätze miteinander, in solcher Konsequenz ein Novum bei Dvořák, und durch die besondere, ebenfalls ganz neuartige «amerikanische Einfärbung» der Themen. Nicht daß nun Dvořák seine Handschrift verleugnet und wirklich die amerikanische Nationalmusik begründet hätte; schon die Premierenkritiker erkannten das. Leopold Damrosch urteilte: «Ich kann

MR. SEIDL LEADING THE NEW DVORAK SYMPHONY.

# DR. DVORAK'S GREAT SYMPHONY.

"From the New World" Heard for the First Time at the Philharmonic Rehearsal.

## ABOUT THE SALIENT BEAUTIES.

First Movement the Most Tragic, Second the Most Beautiful, Third the Most Sprightly.

### INSPIRED BY INDIAN MUSIC.

The Director of the National Conservatory Adds a Masterpiece to Musical Literature.

Dr. Antonin Dvorak, the famous Bohemian composer and director of the National Conservatory of Music, dowered American art with a great work yesterday, when his new symphony in E minor, "From the New World," was played at the second Philharmonic rehearsal in Carnegie Music Hall.

The day was an important one in the musical history of America. It witnessed the first public performance of a noble composition.

It saw a large audience of usually tranquil Americans enthusiastic to the point of frenzy over a musical work and applauding like the most excitable "Italianissimi" in the world.

The work was one of heroic proportions. And it was one cast in the art form which such past musicians as Beethoven, Schubert, Schumann, Mendelssohn, Brahms and many another "glorious one of the earth" has enriched with the most precious outwellings of his musical imagination.

And this new symphony by "Dr. Antonin Dvorak is worthy to rank with the best creations of those musicians whom I have just mentioned.

Small wonder that the listeners were enthusiastic. The work appealed to their sense of the melodically beautiful by its wealth of tender, pathetic, fiery melody; by its rich harmonic clothing; by its delicate, sonorous, vigorous, ever varying instrumentation.

And it appealed to the patriotic side of them. For had not Dr. Dvorak been inspired by the impressions which this country had made upon him? Had he not translated these impressions into sounds, into music? Had they not been assured by the composer himself that the work was written under the direct influence of a serious study of the national music of the North American Indian? Therefore were they not justified in regarding this composition, the first fruits of

HERR ANTONIN DVORAK

Dr. Dvorak's musical genius since his residence in this country, as a distinctly American work of art?

Thus there was every reason for enthusiasm.

Even the orchestra seemed to be transformed by the singular beauty of the symphony. Certainly the members put ever so much better work into it than they had previously exhibited in the preceding part of the programme. Even Mr. Seidl seemed to lose somewhat of his usual impassive air of calm authority as with quick, nervous gestures he communicated his wishes to the Philharmonic Orchestra.

The Philharmonic rehearsals always are. But yesterday, in particular, Carnegie Music Hall seemed to contain nothing but the members of the fairer sex.

The downpour of rain could not keep them away. At half past one there were small groups of enthusiastic admirers of the Philharmonic, of music, of Dr. Dvorak, of Marteau scattered about the great hall, chatting merrily, and to tell the truth, rather noisily, about a variety of matters, principally private, though that by no means caused them to moderate their voices.

Outside there was a long line of tardy ticket purchasers. Each individual as the one, which street had down the steps and alone Fifty-seventh street impatiently tried to push forward his immediate predecessor. I am sure that the people spoken of by the prophet who would "rush to and fro, and hustily tired at it all they looked long before the flutes gave the first notes of the Midsummer Night's Dream overture. No one seemed quite at ease during the earlier part of the concert. There was an air of expectant pervading every one. People read and reread the analytical notes accompanying the programme. I am sure that the lady next to me must have known by heart that Dr. Dvorak made a study of Indian and negro melodies and found that possessed of characteristics peculiarly their own. That he identified himself with their spirit, made their essential contents not uber formal, external traits, his own, and that he had striven "to reproduce in the present symphony the fundamental characteristics of the melodies which he had found here by means of the specific musical resources which his inspiration furnished.

At any rate, she studied the remarks with an intensity that was rather awe inspiring.

#### THE SYMPHONY OPENS.

At last the moment arrives. Mr. Seidl mounts the platform. There is a moment of expectancy. Every eye is on the upraised baton. It descends. And we are listening at last to Dr. Dvorak's symphony "From the New World."

What do we hear? A sad, tragic unison theme in E minor given out by the 'cellos. Dark, sombre, threatening. The horns throw an insistant blast of color into the scene. Then it is gone and the wood winds are deepening the feeling of melancholy which the opening passage has created. The strings become more vigorous. The tympani answer sharply, harshly, savagely, tiloom deep as darkest night, created by a long out passage for the contra basses. Slowly the movement begins to be more animated. The wood wind, the strings, everything seems to be upon the qui vive. There is a sense of crashing chords, followed by a long roll upon the drum.

Then over a tremolo in the strings the first subject is given out by the horn, the introduction of a real earnest.

What the spirit of Indian music may be I do not know. If this movement is now going to breathe the genuine native atmosphere then certainly the future of music is in the hands of the red man.

The subject is everywhere. The oboe repeats it, the flute mockingly suggests it, the brass wind thunders it out with a ...ess energy in the midst of a great storm of sound.

And then a series of passages unless in calm, plaintive melody wailed forth by the oboe and accompanied by easy, flowing counterpoint. This is followed by a pastoral effect, now the clarinet playing a simple, naive air, a cross bass. A climax is evidently coming, strings begin to work up to a crescendo, suddenly dies away as the flutes enter charming, tripping figure that sets your beating more rapidly. A murmuring accompaniment, vague and undefined, supports a soulful melody which the 'cellos are singing, singing very well, it may be remarked as said.

The development of the themes in this movement is remarkably good. The themes selves are augmented, diminished, metamorphosed by changing harmonies, varying rhythm and by every device known to musical science, and to Dr. Dvorak, for he has a host of which are not taught in the schools.

How, for example, does he obtain that rich murmur in the orchestra that is so dynamic?

We know the combinations of instruments which are taught. We can analyze the various discords between the brass and strings, we can say "that was the horn and it was another the oboe," we know that the passage we just heard was a trumpet call, where does this pervading impression immensely come from? Is it by some hitherto unknown combination of instruments? If it is the sooner Dr. Dvorak the score to be printed, so that the secret of come common property, the better for the composer.

But no. It is, as Dr. Dvorak said, the "spirit," a national music as distinguished from its characteristics. And it is that spirit, through the imagination of a great poet.

The first movement is brought to an effective close—after a repetition of the principal by the horn, followed by a tranquil passage, the strings and a development of the figure which was first heard in the 'cellos—by the trumpet shrieking out the first subject above the entire orchestra, for fortissimo.

There was something like an ovation at the end of the movement. For several minutes applause continued, and Anton Seidl was busy bowing in response.

The second movement is an adagio, or larghetto in common time, and in the key of D flat. After a few organlike chords given by the brass and fagotto, calm and slim, a chorale, a melody is sung by the cor anglais above an accompaniment of muted strings. Such an exquisite combination, so tender, so reflective, the oboe enter in counterpoint, the flute adds a few notes, pure and tranquil, and after an accompanying arpeggio for the clarionet the melody closes a long sustained chord in the higher register the wood wind. The adagio goes on a rocking figure is commenced by strings, and below the 'cellos give a tender, peaceful air. It is charming. There are some effects of harmony of surpassing beauty and poignancy. The cor anglais enters—this time a little out of tune—a minute—and then an entirely novel subject is introduced by the clarionets above a tremolo in strings. This is well developed, there is a counterpoint between the first violins and then above a tremolo in the 'cellos, in h dignified melody is given out by the violins great sonority. The oboe enters, the flutters and then there is a passage—is it in stringed—that suggests the murmur of the voices. It causes a shiver of expectancy.

But there are no voices. The brass enters above a long roll on the drum. The cor net again commences the pathetic melody. The violins complete it in a hesitating way, melody is broken, interrupted, unfinished as it commences. There is a calm, descending

«New York Herald» vom 16. Dezember 1893 über die Symphonie «Aus der Neuen Welt»

nicht sagen, ob die Symphonie amerikanisch ist oder nicht. Mich spricht nichts Amerikanisches an. Es ist Dvořák.» Der Komponist selber meinte: *Das ist und bleibt immer tschechische Musik.*

Daran ist nicht zu zweifeln (wer könnte den idealisierten Kirchweihtanz im Trio des Scherzos überhören?). Hingegen wurde lange Zeit das geistige Eigentum Dvořáks an den «amerikanischen» Themen verkannt. Gewiß, in jedem Satz finden sich Anklänge, das G-Dur-Thema des ersten Satzes ist zum Beispiel dem Spiritual «Swing Low, Sweet Chariot» ähnlich, doch alles ist Dvořáks eigene Erfindung. Er verwahrte sich schon vor der Uraufführung gegen Unterstellungen: *Es ist der Geist von Neger- und Indianermelodien, den ich in meiner neuen Symphonie zu reproduzieren bestrebt war. Ich habe keine einzige jener Melodien benützt. Ich habe einfach charakteristische Themen geschrieben, indem ich ihnen Eigenheiten der indianischen Musik eingeprägt habe, und indem ich diese Themen als Gegenstand verwendete, entwickelte ich sie mit Hilfe aller Errungenschaften des modernen Rhythmus, der Harmonisierung, des Kontrapunktes und der orchestralen Farben.*[62]

Das stimmt sicher insofern, als damit das geistige Eigentum Dvořáks klargestellt wird; weniger schon stimmt es im streng folkloristischen Sinn. Dvořák war damals mit der indianischen Volksmusik kaum vertraut, und es ist fraglich, ob die zwei indianischen Straßenmusikanten, denen der Komponist nach dem Zeugnis Kovaříks später in Spillville fasziniert gelauscht haben soll, wirklich unverfälschte Folklore zu bieten hatten. Besser bekannt waren ihm sicher Neger-Melodien, die ihm seine schwarzen Schüler, vor allem der intelligente Bariton Henry Thacker Burleigh, vermittelten. Was an der amerikanischen Symphonie amerikanisch klingt, ist eine schöpferisch-intuitive Anverwandlung von Anregungen in Dvořáks Eigensprache. Man mag auch für die pentatonische Melodiebildung, die für die meisten amerikanischen Kompositionen Dvořáks so bezeichnend ist, viele Vorläufer in seinen früheren finden; schließlich ist Pentatonik auch kein auf indianische oder negerische Volksmusik beschränktes Charakteristikum, sondern findet sich in vielen vortonalen Musikkulturen, von Ostasien bis Mitteleuropa. Dennoch bleibt unüberhörbar, was das Erlebnis Amerikas Dvořáks Musik an neuen Reizen und Farben zutrug. Dazu gehört die häufige Verwendung der kleinen Septim statt des Leittons, wodurch ein exotisch-melancholischer Hauch dvořákische Melodienbildungen überlagert. Zur böhmischen Synkope tritt eine amerikanische (schon das Hauptthema des ersten Satzes der *e-moll-Symphonie* ist von diesem Rhythmus lang, kurz – kurz, lang unverwechselbar geprägt), und die für Dvořák ungewöhnliche harmonische Kühnheit der genialen sieben Bläserakkorde, die das Largo der neunten Symphonie einleiten, ist sicher ein Widerhall überwältigender Eindrücke der «Neuen Welt». So wie Schiller, der nie in der Schweiz war, im «Wilhelm Tell» schweizerische Naturbilder malte, so

bannte Dvořáks ahnende Phantasie die Weite und Erhabenheit amerikanischer Landschaft in Töne, noch ehe er, außer einer Dirigentenreise
nach Boston, überhaupt das Land kennengelernt hatte.

Das geschah erst im Sommer 1893, nachdem die Partitur der *e-moll-
Symphonie* bereits vollendet war. Eigentlich wollte Dvořák seinen ver-
traglichen Heimaturlaub antreten. Plötzlich entschloß er sich jedoch, die
Einladung Kovaříks anzunehmen, dessen Vater als Lehrer und Regens
chori in der tschechischen Kolonie Spillville in Iowa lebte. Zuerst aber
mußte der Familienvater alle Lieben um sich haben. Sie kamen, vier
Kinder in Begleitung von Dvořáks älterer Schwester Terezie Koutecká,
Ende Mai 1893 in New York an, und nach wenigen Tagen machte sich die
elfköpfige Expedition, ein Dienstmädchen eingeschlossen, auf die lange
Reise in den Mittelwesten.

Spillville, vor einer Generation erst von einem Bayern namens Spielmann gegründet, liegt wenige Kilometer westlich des oberen Mississippi,
halben Wegs zwischen Chicago und St. Paul: eine von 350 meist tschechischen Farmern bewohnte Siedlung in einer fruchtbaren Landschaft
von Mais- und Kartoffelfeldern, Obstplantagen und Wäldern. Das ein-
stöckige Steinhaus, das Dvořák gemietet hatte, die Tschecho-Amerika-
ner, die ihn wie einen König willkommen hießen, die sanfte Landschaft –
alles mutete Dvořák heimatlich an, auch wenn ihn gelegentlich die
Einsamkeit des Landes bedrückte. Spillville wurde sein Ersatz-Vysoká. Er
fühlte sich wohl, mit seinen langentbehrten Kindern, unter den einfachen Leuten. Der Pfarrer der St. Wenzels-Kirche fuhr ihn in seiner
Kutsche umher, zu Hause wurde musiziert, Dvořák spielte selber in
einem von den Kovaříks zusammengetrommelten Liebhaber-Quartett
mit: er war begierig darauf, die erste Spillville-Komposition, sein *F-Dur-
Streichquartett*, zu hören.

Es wurde das meistgespielte von allen seinen Kammermusik-Werken,
ein wahres Sonntagskind der guten Laune. So schnell ging auch Dvořák
das Komponieren nur von der Hand, wenn ihm das Herz voll war. In drei
Tagen waren alle vier Sätze entworfen, in vierzehn Tagen waren sie
ausgearbeitet! Dabei ist dieses so eingängige «amerikanische» Quartett
kunstvoll gebaut: die Hauptthemen aller Sätze sind aus der pentatoni-
schen Keimzelle des allerersten abgeleitet. Gleicher Stimmung der Zufriedenheit entsprang das Spillviller *Streichquintett in Es-Dur*; es ist
ausgedehnter, komplizierter in der Stimmigkeit, emotional tiefer im
Variationssatz des Larghetto; Dvořák ließ sich auch mehr Zeit damit. Der
einzigartige, an mozartische und schubertische Schaffensgeheimnisse
gemahnende Glückswurf des *F-Dur-Quartetts* blieb aber unwieder-
holbar.

Allzu schnell vergingen die ländlichen Monate von Spillville. Auf der
Rückreise ließ sich Dvořák bei einem Festkonzert anläßlich der Weltausstellung von Chicago als Mit-Dirigent eines «Tschechischen Tages» fei-

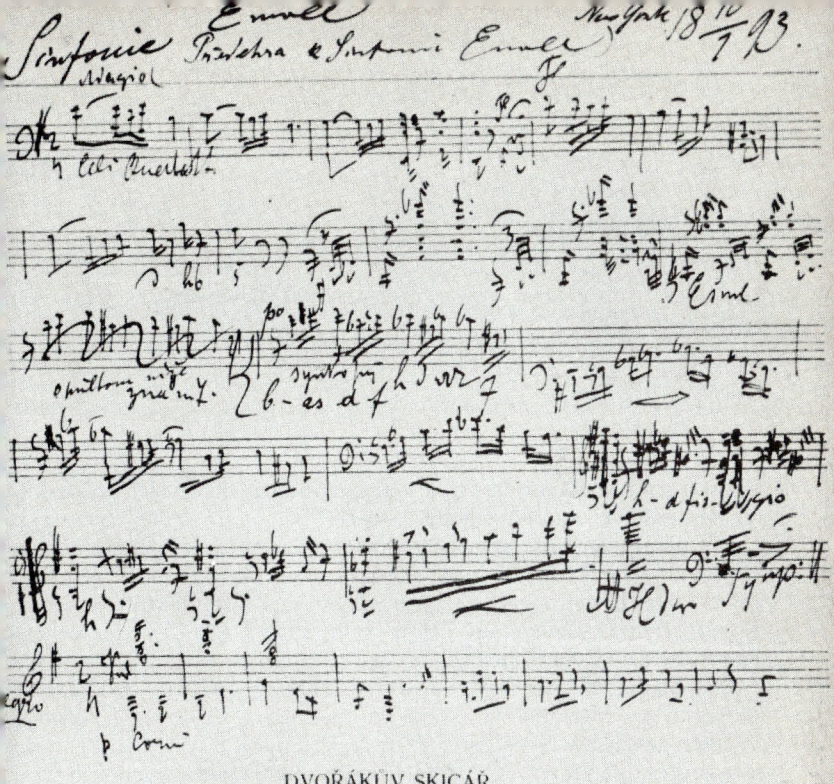

HUDEBNI REVUE IV. 1911.                                                PŘÍLOHA 27.

DVOŘÁKŮV SKICÁŘ.

*Symphonie e-moll «Aus der Neuen Welt». Skizzen zum ersten Satz*

ern. Bei den Niagara-Fällen unterbrach er die Reise für einen Tag und äußerte sich überwältigt: *Sakra, das wird eine Symphonie in h-moll!* Die Tonart, auch Notizen in seinen fünf Skizzenbüchern, die er während des Amerika-Aufenthalts angelegt hatte, lassen rätseln, ob er nicht sein späteres *h-moll-Cellokonzert* letztlich dem Niagara-Erlebnis verdankt. In New York setzte Dvořák seine Lehrtätigkeit mit aller Gründlichkeit fort. Für seine Kinder Otilie und Toník schrieb er die *G-Dur-Sonatine* für Geige und Klavier, auch sie ein bei aller technischen Einfachheit vollwertiges Werk, Beglückung für Liebhaber-Musiker.

Das «indianische» Larghetto darin spiegelt Dvořáks Beschäftigung mit einer amerikanischen Oper, zu der Mrs. Thurber ihn unermüdlich ermunterte. Sie legte ihm ein englisches Libretto nach Longfellows berühmtem Epos «Hiawatha» vor. Dvořák hatte diesen Helden und Gralsritter der indianischen Legende schon zu Hause in einer tschechischen

*Spillville*

Übersetzung kennengelernt und so liebgewonnen, daß er sich durch ihn zu den beiden Mittelsätzen der *e-moll-Symphonie* – Begräbnis und Hochzeit aus dem Hiawatha-Epos – inspirieren ließ. Über pentatonische Themennotizen in den Skizzenbüchern kam der Opernplan jedoch nicht hinaus. Das Libretto wurde ebenso wie ein neu formuliertes von einer Kommission abgelehnt, und damit verlor auch der in Libretto-Sachen stets unsichere Dvořák die Lust an der Weiterarbeit.

Sein Verhältnis zur Oper war damals ohnehin getrübt. Das Goldene Hufeisen der Metropolitan Opera erschien ihm – zu Recht – eigenen Werken gänzlich wesensfremd. Dort regierten Verdi, Wagner, Rossini, interpretiert von international goldhaltigen Kehlköpfen, unendlich fern von böhmischen Dorfkantoren. Anton Seidl, mit dem sich Dvořák herzlich angefreundet hatte, lud ihn zu einer «Siegfried»-Premiere in der Met ein; Dvořák ging hin (später nur noch einmal, zu Rossinis «Semiramis»), verließ aber seine Loge schon nach dem ersten Akt. Bei allem Respekt vor Wagner und vor Seidls Dirigat ging ihm der ewige Nibelungen-Rhythmus auf die Nerven. Was nicht hinderte, daß er sich damals begeistert über seinen alten Abgott Wagner äußerte: *Was Wagner getan hat, tat niemand vor ihm und niemand wird es je widerlegen! Die Musik wird ihren Weg gehen, an Wagner vorbei, aber Wagner wird aufrecht stehen, wie das Standbild jenes Dichters, von dem man noch heute in der Schule lernt. Homer! Und solch ein Homer wird auch Wagner sein![63]*

Schöpferische Arbeiten, der Lehrroutine abgerungen, waren in New York die fünfsätzige *Suite in A-Dur*, zuerst für Klavier, später für Orchester gesetzt, und die sehr viel bedeutenderen *Biblischen Lieder*. Sie bilden den absoluten Gipfel von Dvořáks Liedschaffen. Zehn Gesänge für tiefe Solostimme (Bariton oder Alt) und Klavier auf tschechische Texte des Buchs der Psalmen. Daß Dvořák die Muttersprache für musica sacra wählte – anders als beim *Stabat mater* oder beim *Requiem* –, spricht schon für persönliches Engagement; die Sorgfalt seiner musikalischen Deklamation bestätigt es. Ob nun der Tod des befreundeten Tschaikowsky und der seines Herolds Hans von Bülow, oder die Nachrichten von einer schweren Erkrankung seines alten Vaters (er starb wenige Wochen später) ihn in ernste Besinnung auf die letzten Dinge einstimmten: Dvořák erfüllte die biblischen Texte mit ganz persönlichem Ausdruck. Der Prosa wird periodische Melodik abgewonnen. Höchste Geistigkeit des sogenannten «Musikantischen» ist in Dvořáks Fähigkeit zu sehen, wie er von scharfem Deklamato bis zu strömendem Melos den Gestaltenreichtum seiner Vokalität entfaltet. Unwillkürlich vergleicht man bei diesem Spätwerk mit Brahms' «Vier ernsten Gesängen». Deren tiefe Skepsis ist Dvořák fremd. Auch wo er de profundis fleht, durchglüht unerschütterliche Gläubigkeit die düstere biblische Landschaft, und es ist kein Zufall, daß der letzte der von Dvořák der orchestralen Anreicherung für würdig befundenen Gesänge – die weiteren fünf wurden von anderen nachinstrumentiert – wie auch der abschließende zehnte Lobgesänge auf Gottes Größe sind.

Die nächsten, die zweiten Sommerferien verbrachte Dvořák in der böhmischen Heimat. Bald nach der feierlichen Begrüßung durch Prager Delegationen eilte er nach Vysoká. Dort entstanden die acht *Humoresken* für Klavier, ein mehrfacher Nachhall amerikanischer Skizzen; die Nr. 7, in Ges-Dur, wurde ein Weltschlager, ändert jedoch so wenig an Dvořáks Genialität des Melodie-Findens wie an seiner gegenüber Chopin und Schumann, auch Smetana, primitiveren Klavierphantasie. Fürs Tasteninstrument schrieb er spontan, aber so einfach, wie es eben in seine unvirtuosen Finger lief – was wiederum die Brauchbarkeit von Dvořáks Klavierkompositionen für die Hausmusik erleichtern sollte – sollte, weil nur weniges über Böhmen hinausgedrungen ist.

Auf der Rückreise nach New York machte Dvořák in Hamburg Station und besuchte seinen dort wirkenden Landsmann, den Komponisten Josef Bohuslav Foerster. Sein letztes Amerika-Jahr wurde nur ein Halbjahr. Dvořáks unstillbares Heimweh nahm die Zahlungsschwierigkeiten von Mrs. Thurber – zeitlebens blieb sie ihm mehrere Monatsgehälter schuldig – zum Anlaß, um sich gleichfalls nicht mehr an seinen Vertrag zu halten und schon vor Ablauf des Lehrjahrs, im April 1895, nach Prag zurückzureisen. Auf Nimmerwiedersehen, aber nicht, ohne Amerika sein bedeutendstes Instrumentalkonzert geschenkt zu haben, das *Cellokonzert in h-moll*.

Es ist in der Diktion so «amerikanisch» wie alle auf dem Boden und unter dem Eindruck der Neuen Welt komponierten Werke, und gleichzeitig so tschechisch wie alle Reifewerke Dvořáks. Die früheren Solo-Konzerte für Klavier und Violine übertrifft es durch seine Substanz wie durch den ungleich reicheren, hochromantischen Orchester-Apparat; den Beinamen der «zehnten Symphonie» Dvořáks, den ihm tschechische

Ausdeuter gaben, verdient sich dieses Instrumental-Konzert nicht weniger als seine Beliebtheit beim Publikum und bei den größten Interpreten, Pablo Casals eingeschlossen. Keinerlei Vorliebe Dvořáks für das Solo-Instrument begünstigte den genialen Wurf. Im Gegenteil: er glaubte das Violoncello (*oben näselt es, unten brummt es*) eigentlich mehr für Kammermusik als für tragende Soli geeignet. Im *h-moll-Konzert* ist es in den symphonischen Fluß eingebaut, produziert sich nie um virtuoser Effekte willen, wird aber zum Künder sublimster dvořákischer, oft romantisch-pathetischer Gedanken. Er war sich nun seiner Meisterschaft so sicher, daß er, anders als bei den früheren Instrumental-Konzerten, energisch Widerstand leistete gegenüber den fachmännischen Adaptierungswünschen des Widmungsträgers, des tschechischen Cellisten Hanuš Wihan, Gründers des nachmals weltberühmten Böhmischen Streichquartetts, in dem Dvořáks Schwiegersohn Josef Suk als zweiter Geiger mitspielte. Deshalb vergab Dvořák die Uraufführung nicht an Wihan, sondern an den bedingungslos werktreuen englischen Cellisten Leo Stern – auch dies ein Zeichen von gefestigtem Selbstbewußtsein.

Im April 1895 war Dvořák wieder daheim in Prag. Die zweieinhalb amerikanischen Jahre hatten sein Schaffen zu absoluten Meisterwerken beflügelt und der Weltgeltung der jungen tschechischen Nationalmusik insgesamt mehr eingebracht als der amerikanischen. Weder war es dem Lehrer Dvořák gelungen, eine seiner Prager Meisterklasse vergleichbare amerikanische Schule zu bilden, noch eine amerikanische Nationalmusik zu begründen – was ja auch gar nicht in seiner Absicht lag. Noch nach seiner Heimkehr ging der inneramerikanische Streit um den Zukunftsweg einer amerikanischen Nationalmusik weiter, und 1903 verkündete Arthur Farell in einem gegen MacDowells Europa-Klassizismus gerichteten Programm, als habe es Dvořáks Folklore-Freundlichkeit gar nicht gegeben: «Wir müssen zunächst aufhören, alles im Spiegel der deutschen Musik zu sehen, so wunderbar und großartig dieser Spiegel auch sein mag. Dann müssen wir uns gründlich mit der modernen russischen und französischen Musik vertraut machen . . .» Und natürlich mit der eigenen, amerikanischen: «Ragtime. Negro Songs, Indianergesänge, Cowboylieder . . .» Farells Gründung des Wa-Wan-Verlages für amerikanische Musik bewirkte sicher mehr für deren autochthone Entwicklung als Dvořáks glanzvolle amerikanische Schöpfertaten.

Für Amerika hatte Dvořáks zweieinhalbjähriges Wirken «ungefähr die Bedeutung wie für Prag die Premiere von Mozarts ‹Figaros Hochzeit›», wie der Dvořák-Biograph Šourek resümiert.[64] Für den Komponisten selber war die New Yorker Zeit noch bedeutungsvoller, ergiebiger. Amerika und seinen Anregungen verdankt er die Erweckung von schöpferischen Kräften, die in besonderer, eben «amerikanischer» Ausprägung auf Gipfelhöhen führten, in Symphonie, Kammermusik und Lied. Nur auf der Musikbühne konnte Dvořák sich künftig noch steigern.

*Dvořák dirigiert auf der Weltausstellung in Chicago. Zeichnung von E. V. Nádherný*

Diesmal gab es keinen festlichen Empfang in der Heimat. Dvořák wünschte sich keinen – nur den Frieden von Vysoká wünschte er sich, die vertrauten Räume, den Garten, die Morgenspaziergänge in der erwachenden, von Vogelstimmen widerhallenden Natur, alles, was er in der großen Stadt New York vermissen mußte. Dvořák war glücklich – und faul vor Glück! ... *ich erfreue mich der göttlichen Natur – und ich faulenze ständig und tue nichts, Sie werden sich vielleicht darüber wundern, aber es ist die Wahrheit – die heilige Wahrheit, ich bin ein Faulpelz und rühre die Feder nicht an.*[65] Sonst geriet er, wie sein Amerika-Begleiter Kovařík sich erinnert, «in schlechte Laune, sobald er nichts zu tun hatte. Er war dann mehr oder weniger gereizt, aufgeregt, zerstreut, ja es war schwer mit ihm zu sprechen, oft ärgerte ihn die geringste Frage, manchmal antwortete er, oft auch überhaupt nicht; so war es immer, wenn er seine Gedanken für ein neues Werk sammelte. Sobald aber die Entscheidung über das nächste Werk gefallen und seine Vorstellung klar war und er an seine Arbeit heranging, wurde er zu einem völlig anderen Menschen. In seine Arbeit vertieft, kümmerte er sich nicht darum, ob sich die Erde von Ost nach West oder umgekehrt drehte, er arbeitete ruhig und zufrieden, hatte Freude, wenn sein Werk gut fortschritt und wenn ihm etwas, wie er zu sagen pflegte, ‹gelungen› war, zeigte er sich in bester Laune; ein wahrhaft reizender Mensch, der immerzu lächelte und scherzte.»[66]

Die für Dvořák völlig ungewöhnliche Faulenzerei dauerte nur wenige Monate. Im Spätherbst 1895 schon, nachdem er allen Lockrufen von Mrs. Thurber, nach New York zurückzukehren, ohne große Gewissensqualen widerstanden und bekanntgegeben hatte, daß er die Lehrtätigkeit am Prager Konservatorium wiederaufnehmen wolle, hatte ihn die Schaffenslust neu gefangen. ... *Wir sind gottlob alle gesund und freuen uns, daß es uns nach drei Jahren wieder vergönnt ist, liebe und frohe Weihnachtsfeiertage in Böhmen zu genießen! ... deshalb fühlen wir uns alle so unaussprechlich glücklich!*[67] Schöpferischer Ausdruck dieser heimatgeborenen Glückseligkeit waren die beiden *Streichquartette in G-Dur* und *As-Dur*, in umgekehrter Reihenfolge numeriert. Beide – mit dem in G-Dur dank den ersten beiden Sätzen als bedeutenderem – nehmen eine historisch wichtige Funktion in des Komponisten Schaffen ein: mit ihnen, diesen Zeugen eines *unaussprechlich glücklich* Befindlichen, nahm Dvořák Abschied von jeder absoluten Musik, die er so verschwenderisch und in seinem heimatlichen Kreis einzigartig pionierhaft bereichert hatte. Bis zu seinem Lebensende, achteinhalb Jahre lang, schrieb Dvořák keine Note «reiner», also symphonischer oder kammermusikalischer, Musik mehr, sondern nur noch mit dem Wort verbundene: Tondichtungen und Opern.

Die späte Wende konnte nur den überraschen, der spirituelle Logik in Dvořáks Schaffensprozeß hineingeheimniste, wo doch in Wahrheit viel vitalere, wenn auch scheinbar vordergründige Motive bestimmend waren. So unvermittelt kam die Hinwendung zu «symphonischen Dichtungen» gar nicht. Dvořák komponierte deren, vor allem im Jahre 1896, nicht weniger als fünf hintereinander. Vier davon basierten auf Karel Jaromír Erbens nachgedichteter Folklore-Sammlung «Kytice» [Blumenstrauß], die man mutatis mutandis mit Herders «Liedern der Völker» oder «Des Knaben Wunderhorn» vergleichen kann. In einem Brief an den bewunderten und dankbar verehrten Dirigenten und Dvořák-Pionier Hans Richter schreibt der Komponist: *Die Stücke sind mehr im Volkston gehalten – manchmal kommt das dramatische Element stark hervor. Es sind Balladen, und in jedem Stück sind drei bis vier Personen, welche ich zu charakterisieren bemüht war.*[68]

Mit diesen Balladen meinte Dvořák seine symphonischen Dichtungen *Der Wassermann, Die Mittagshexe* und *Das goldene Spinnrad.* Wie kam der in der Alten wie in der Neuen Welt berühmte Meister der Symphonie dazu, sich der sogenannten neudeutschen (also an Liszt und Richard Strauss orientierten) Richtung anzuschließen? Daß Dvořák ein Liszt-Bewunderer seit seinen aktiven Bratschistenjahren war – *Nur was der Herr Christus lehrte und was Liszt schrieb, überdauert die Zeiten*[69] –, ist so wenig neu wie seine lebenslange, nicht einmal durch die persönlichen Freunde Brahms und Hanslick verdunkelte Wagner-Vergötterung. Da bekannt ist, wie sorgfältig er frühe symphonische Dichtungen von Richard Strauss studierte («Don Juan», «Till Eulenspiegel», «Tod und Verklärung»), da er sich zudem nach der Heimkehr aus Amerika von neuem intensiv mit Liszt beschäftigte und wohl auch ahnte, daß er ein Meisterwerk wie die neunte Symphonie schwerlich übertreffen konnte, kommt die Hinwendung zur Programm-Musik nicht mehr so überraschend. Auch finden sich in seinem bisherigen Werk verschiedene Ansätze dazu, wie die drei Orchester-Ouvertüren *In der Natur, Karneval* und *Othello* oder der Vierhändigzyklus *Aus dem Böhmerwald.*

Damals war das poetische «Programm» nur vage angedeutet. Jetzt, in den im ersten Jahresdrittel 1896 rasch hintereinander komponierten symphonischen Dichtungen *Der Wassermann, Die Mittagshexe* und *Das goldene Spinnrad,* folgte Dvořák den Balladen Erbens so genau, daß die instrumentale Melodik oft geradezu eine wortlose Vertonung einzelner Verse ist. Janáček erkannte in einer Analyse anläßlich der ersten Brünner Aufführung eine ihm sehr sympathische Wesensverwandtschaft mit seiner eigenen Theorie der «Sprachmelodien» (nápěvky): «Sie wachsen frei aus derselben Atmosphäre wie Volkslieder.» Er sah in Dvořáks symphonischen Dichtungen eine geniale Ursprungsverbindung mit Volkskompositionen und nannte sie die «tschechischsten von Dvořáks Werken»[70].

Es sind seltsam grausige und blutrünstige Balladen, die Dvořák der symphonischen Nachdichtung für würdig hielt. Im *Wassermann* geht es um einen rachsüchtigen Seegeist, der ein Mädchen zu sich hinabzieht und ein Kind mit ihm zeugt; als es ihn verläßt, wirft er ihm Kopf und Leib des getöteten Kindchens vor die Füße. Die *Mittagshexe* wird von einer Mutter, deren Kind vor dem Essen quengelt, als Schreckgespenst beschworen und erscheint zum Entsetzen der Mutter wirklich; das Kind stirbt. *Das goldene Spinnrad* ist ein umfangreiches Märchen von einem Königssohn und einem armen Mädchen, das von der Stiefmutter zugunsten der eigenen Tochter ermordet wird; aber durch Zauberei endet alles gut.

In dieser mit einer halben Stunde Dauer bei weitem längsten Tondichtung (die anderen, auch die beiden späteren, kommen mit je etwa fünfzehn Minuten aus) scheitert selbst Dvořáks Kunst, ein außermusikalisches Programm in einleuchtenden Formen plausibel zu machen, weshalb sogar Freunde wie Suk, Richter und Janáček durch Striche zu retten

106

versuchten. Plastischer, balladesker im Sinne der Vorlagen ist die Über-
tragung in musikalische Formen bei den kürzeren symphonischen Dichtungen gelungen: der *Wassermann* ist in freier Rondoform komponiert,
mit einer von Dvořák hinzugefügten versöhnlichen Trauer-Coda, die
*Mittagshexe* in vier kontrastierenden Sätzen nach Art einer Symphonie,
und bei der Ende 1896 komponierten *Waldtaube* (der originale Titel
*Holoubek* heißt eigentlich «Das Täubchen») hat Dvořák sogar die fünf
Teile in der Partitur numeriert. Wieder eine makabere Ballade: eine Frau
hat ihren Gatten vergiftet und aufs neue geheiratet; eine Taube, Stimme
ihres bösen Gewissens, verkündet die Untat und treibt die Frau zum
Selbstmord. Hier erreicht Dvořák in der atmosphärischen Dichte und in
der Kunst der thematischen Variation – fast alle Motive sind auf eine
einzige Keimzelle bezogen – wohl das Beste seiner naiven, weder mit
Liszts noch mit Strauss' Ideen-Dichtungen vergleichbaren Programm-
Musiken.
    Eduard Hanslick, der Freund Brahms' und Dvořáks, hielt anläßlich der

Aufführungen des *Wassermannes* und der *Mittagshexe* durch Hans Richter in Wien eine «stille freundschaftliche Warnung» für angebracht: er fürchtete, Dvořák könne auf seinem Weg bei Richard Strauss landen. Das schien dem tschechischen Meister selber jedoch kein so großes Unglück zu sein, denn im Jahre 1897 fügte er noch eine symphonische Dichtung dazu, seine letzte, die nun wirklich an Strauss gemahnt. Nicht nur, weil sie *Heldenlied* (*Píseň bohatýrská*) heißt, nach den Skizzen sogar «Das Leben eines Helden» heißen sollte: ein Jahr später erschien Strauss' «Heldenleben». Den Titel will Dvořáks Schüler Vítězslav Novák seinem Meister vorgeschlagen haben. Über das Programm äußerte sich dieser nie klar (mit Erbens Sammlung hat das Werk nichts zu tun), dem Charakter nach ist es eine von einer etwas bombastischen Apotheose gekrönte Variante des beethovenschen Typus. Šourek bricht eine Lanze für das nur noch selten gespielte Werk und hält es für stark unterschätzt. Einem so kritischen Geist wie Gustav Mahler gefiel es jedenfalls. «Eben erhielt ich Ihr zweites Werk *Heldenlied* und bin davon, wie vom ersten [gemeint ist *Die Waldtaube*] ganz begeistert.»[71] Tatsächlich führte Mahler beide Werke mit Erfolg in Wien auf und erwies sich auch später als Freund und Förderer Dvořáks.

An Erfolgen fehlte es dem in die Heimat heimgekehrten, weltberühmten Meister weniger denn je. Das Böhmische Streichquartett erntete mit den jüngst komponierten beiden Quartetten besonders in Deutschland neue Triumphe, sein internationales Ansehen steigerte sich in den folgenden Jahren im Gleichklang mit dem immer weiter wachsenden der Werke Dvořáks. Auch zu Hause genoß er alle Ehren. Als sich im Januar 1896 die nach jahrelangen inneren Wirren endlich aus dem Opernorchester des Nationaltheaters formierte Tschechische Philharmonie mit dem ersten Konzert der Öffentlichkeit vorstellte, tat sie das unter Dvořáks Taktstock und mit einem Programm seiner Werke.[72] Auch die neuen zehrten vom amerikanischen Ruhm Dvořáks: Simrock, der früher selbst bei den Meistersymphonien das Honorar gedrückt hatte, zahlte jetzt 12 000 Mark für die ersten drei symphonischen Dichtungen.

Dvořák hatte sehr bald die alten Gewohnheiten wiederaufgenommen. Wieder unterrichtete er pflichteifrig in den verwinkelten Räumen des Konservatoriums in der Konviktsgasse, auch wenn er nie mehr solche Jahrgänge Hochbegabter fand wie einst; wieder floh er, sobald er konnte, im Spätfrühling nach seinem geliebten Landsitz Vysoká; wieder kreiste sein Alltag im engen Zirkel zwischen der Korntorgasse, den Bahnhöfen und abendlichen Stammtischen. Neu kamen hinzu Freitagabende im Haus des Präsidenten der Tschechischen Akademie der Wissenschaften und Künste, Josef Hlávka, wo man musizierte und mit Persönlichkeiten des tschechischen Geisteslebens diskutierte; die Dichter Julius Zeyer und Jaroslav Vrchlický, der Politiker Dr. Rieger, der Bildhauer Josef Václav Myslbek, Schöpfer des repräsentativen Wenzel-Denkmals auf dem Wen-

zels-Platz, verkehrten dort. Im «Pilsner Gasthaus» in der Myslík-Gasse wiederum hatte sich die fröhliche Intellektuellen-Runde der «Mahu-líkovci» zusammengefunden, deren Stamm Musiker um Novák und das Böhmische Streichquartett bildeten – mit Dvořák als unbestrittenem Haupt, wenn er erschien. Schlag 9 Uhr brach er jedoch auf: daran konnte den eingefleischten Frühaufsteher die lebhafteste Diskussion nicht hindern.

Dvořák wurde immer seßhafter. Kurze Reisen innerhalb Böhmens, um Freunde zu besuchen, unternahm er lieber als Fahrten ins Ausland, auch wenn sie seinen Komponisten- und Dirigentenruhm förderten. Nicht einmal England reizte ihn mehr. Im März 1896 fuhr er zum neunten-(und letzten-)mal dorthin, um die achte Symphonie, das *Cellokonzert* und die *Biblischen Lieder* zu dirigieren, aber das regnerische Wetter und das miserable Essen beschleunigten die Heimkehr. Fortan

*Josef Suk, Václav Talich, Vítězslav Novák. Zeichnung von Hugo Boettinger*

reiste er nur noch nach Berlin (wo er im Jahre 1900 erlebte, wie seine
neunte Symphonie die bis dahin zurückhaltenden Reichshauptstädter
wahrhaft eroberte), nach Budapest und, mehrmals, in das wenig geliebte
Wien. Auch diese Reichshauptstadt feierte den Komponisten Dvořák, vor
allem dank Hans Richters Wirken als Dirigent der Wiener Philharmoni-
ker. Wiederholt besuchte Dvořák Brahms: um ihm zu danken für die
aufopfernde Arbeit, die er mit seinen Partiturkorrekturen während Dvořáks Amerika-Aufenthalt geleistet hatte, und schließlich, im März 1897,
um den von schwerer Krankheit gezeichneten Freund zu sehen. Wenige
Wochen später mußte Dvořák nochmals die Reise nach Wien antreten;
als Teilnehmer am Begräbnis von Johannes Brahms, des verehrtesten,
bewundertsten aller Komponisten-Kollegen.

   Einen anderen großen Zeitgenossen, Anton Bruckner, hatte er bei
einem seiner früheren Wiener Besuche, im März 1896, in seiner Wohnung im Park des Belvedere-Schlosses aufgesucht: «Wir trafen ihn am
Schreibtisch sitzend, ohne Rock und bekamen den Eindruck, daß hier ein
Mensch haust, der ganz in seinem Geiste und seiner Arbeit aufgeht . . .
Als wir uns von ihm verabschiedeten, war er plötzlich sehr gerührt. In
seinen merkwürdigen Augen standen Tränen. In seiner wattierten Weste
begleitete er uns hinaus und solange unser Wagen zu sehen war, warf er
uns Kußhände zu . . .» erinnert sich Dvořáks Begleiter Josef Suk.[73] Wenige Monate später starb Bruckner. Daß er und Dvořák, die beiden durch
tiefe Katholizität, schöpferische Naivität und Nähe zu volkstümlichen
Wurzeln der Melodik so vielfach innerlich Verbundenen, gar keine

persönlichen Beziehungen zueinander fanden, erklärt sich vornehmlich aus den musikpolitischen Parteiungen der Zeit, läßt aber doch auch über Wesensverschiedenheiten zweier Wagnerianer nachdenken: des Mystikers und des Musikanten.

Sehr Persönliches, Trauer und Freude im Wechsel, prägte die aus dem ruhigen schöpferischen Alltag Dvořáks herausragenden Ereignisse der letzten Jahrhundertjahre. Bald nach Brahms' Tod mußte er Abschied nehmen von einem noch älteren Freund, Karel Bendl, der sein erster Förderer und Helfer gewesen war. Daß man ihn zum Nachfolger von Brahms in die Jury des Nachwuchspreises wählte, den er selber einst dank Brahms erhalten hatte, empfand Dvořák als tiefbefriedigende Ehrung. Vítězslav Novák und vielen anderen tschechischen Talenten verhalf er in den folgenden Jahren zu dem lebenserleichternden Stipendium. Die größte Freude aber bereitete ihm die Hochzeit seiner Tochter Otilie mit Josef Suk, der inzwischen zum angesehenen Meister herangereift war; es war ein Familienfest, so recht nach Dvořáks Sinn. Auf seinen Wunsch hin wurde die Vermählung mit seiner eigenen Silbernen Hochzeit auf denselben Tag im November 1898 gelegt. Daß er damals, obwohl er eine ministerielle Einladung zur Komposition eines Festmarsches zum Fünfzig-Jahr-Jubiläum der Regierung Kaiser Franz Josephs I. diplomatisch abgelehnt hatte, mit dem Ehrenzeichen «Litteris et artibus» ausgezeichnet wurde, freute ihn mehr am Rande; er nannte den Orden salopp den *großen goldenen Teller*.

Während dieser Zeit saß er schon wieder über der umfangreichen Partitur einer neuen Oper. Seit zehn Jahren hatte er keine mehr geschrieben, die beiden letzten, *Jakobiner* und *Dimitrij*, jedoch gründlich umgearbeitet. Alle Hoffnungen, auch auf der internationalen Musikbühne Erfolge wie in den Konzertsälen zu erzielen, hatten zu Enttäuschungen geführt. Und doch raffte er sich an der Schwelle des Alters zu einer neuen dramatischen Arbeit auf; seine restlichen Jahre widmete er ausschließlich der Oper. Was bewog ihn dazu? Mehrere Motive kommen zusammen. Das persönlich relevanteste war sicher, daß er sich, auch wenn viele es nicht wahrhaben wollten, als passionierter Opernkomponist empfand, der etwas zu sagen hatte. In einem Interview in der Wiener Zeitschrift «Die Reichswehr» äußerte sich kurz vor dem Tod der in allen ästhetischen Dingen so schweigsame Dvořák ungewohnt ausführlich über sein Verhältnis zur Oper: *In den letzten fünf Jahren schrieb ich nichts anderes als Opern. Ich wollte mich mit all meinen Kräften, soweit mir der liebe Gott noch Gesundheit schenkt, dem Opernschaffen widmen. Nicht etwa aus einer Sehnsucht nach Bühnenruhm, sondern aus dem Grunde, weil ich die Oper auch für die geeignetste Schöpfung für das Volk halte. Dieser Musik lauschen die breitesten Massen und zwar sehr oft; wenn ich aber eine Symphonie komponiere, könnte ich vielleicht jahrelang warten, bevor sie bei uns aufgeführt würde. Ich erhielt von Simrock*

*Aufforderungen zu Kammermusikwerken, die ich stets ablehne. Meine
Verleger wissen nun, daß ich für sie nichts mehr schreiben werde. Man
bestürmt mich mit Fragen, warum ich nicht dies oder jenes komponiere;
ich habe zu diesen Genres keine Lust mehr. Man sieht mich als Symphoniker an, und doch habe ich schon vor langen Jahren meine überwiegen-
de Neigung zur dramatischen Schöpfung bewiesen.*[74]

Etwas Wehmut und Bitterkeit schwingt darin mit; andererseits erscheint der Satz mit der *überwiegenden Neigung* übertrieben, wenn man
ihn auf Dvořáks gesamtes Lebenswerk bezieht. Für die letzten Jahre
jedoch trifft er sogar tatsächlich zu. Der sensationelle Erfolg von Smetanas «Verkaufter Braut» in Wien und ihr Siegeszug durch Europa mußten
Dvořáks Ehrgeiz stimulieren. Dazu kam, daß in der Mitte der neunziger
Jahre, mit dem Durchbruch Wagners und mit Verdis Reifewerken, die
Oper überhaupt den Gipfel ihrer Geltung in der bürgerlichen Musik
erreichte und daß im Prager Nationaltheater jüngere tschechische Komponisten die musikdramatische Szene betraten: Fibich mit «Sturm» und
«Hedy», Foerster bald darauf mit «Eva», Karel Kovařovic mit den
«Hundsköpfen» – alles bei den Tschechen bis heute geschätzte Opern.
Janáček hatte die ersten Gehversuche auf der Opernbühne hinter sich
und arbeitete an seinem Meisterwerk «Jenufa».

In Amerika hatte Dvořák mit dem Wagnerianer Anton Seidl ausgiebig über Fragen der modernen (also vom Wagnerschen Musikdrama ausgehenden) Oper diskutiert, und damals schon reifte der Entschluß zu einem neuen Opernanlauf. Bei den Wiener Aufführungen seiner ersten symphonischen Dichtungen spürten mehrere Kritiker dramatische Züge heraus. Ludwig Speidel charakterisierte sie als «Dramen ohne Szene, Musik ohne Sänger» und meinte, die Musikgeschichte müsse noch ein wichtiges Kapitel «Anton Dvořák und die dramatische Musik» schreiben.[75] Dvořák verfolgte sehr interessiert den Wiener Widerhall auf sein neues Genre der Programm-Musik und gestand, die Kritiken hätten Einfluß auf ihn gehabt. So war er äußerst empfänglich, als ihm der damalige Direktor des Nationaltheaters Fr. Ad. Šubert im Frühjahr 1898 ein Libretto seines Neffen, des damals vierundzwanzigjährigen Prager Lehrers Josef Wenig (1874–1940) präsentierte: die Dramatisierung eines tschechischen Volksmärchens vom dummen, übertölpelten Teufel, das bereits Božena Němcová erzählt und Josef Kajetán Tyl auf die Bühne gebracht hatten. Ein naives, in freien Versen nicht ungeschickt gebautes Libretto. Daß Wenig kein Dichter war (hingegen ein bühnengewandter Übersetzer z. B. der «Fledermaus» und des «Orpheus in der Unterwelt») und eine unpoetisch-nüchterne Diktion hatte, daß er sich pseudopoetische Floskeln und opernübliche Textwiederholungen ersparte, ist ihm viel weniger anzukreiden als sein dramaturgischer Dilettantismus, aber eine derart mangelhafte Partnerschaft war nun einmal des Musikdramatikers Dvořák lebenslange Hypothek. Vielleicht verlockte ihn der sich abzeichnende Welterfolg von Humperdincks «Hänsel und Gretel» zu einer Märchenoper; jedenfalls heimelte ihn, der eben erst in Erbens phantastische Volksballaden vertieft war, der Stoff an.

*Čert a Káča*, wörtlich: Der Teufel und Käthe, dann als *Die Teufelskäthe* auf die deutsche Bühne gebracht, handelt von einer bäuerlichen Kratzbürste, mit der keiner tanzen will – außer dem Teufel, der mit ihr in die Hölle tanzt. Dort wird aber niemand der ungebärdigen Káča froh; der brave Schäfer Jirka, der ihr in die Unterwelt nachsteigt, hat es nicht schwer, sie aus den Klauen der von Káča gepiesackten Teufel zu befreien, und als dann die Fürstin (eine im dritten Akt ganz unmotiviert auftauchende Figur!) wegen ihrer Hartherzigkeit den Untertanen gegenüber vom Teufel geholt werden soll, braucht sie nur Reue bekennen, und der schlaue Jirka vertreibt den Teufel mit der Androhung, Káča werde in die Hölle zurückkehren. Das klingt recht lustig und ist auch lustig, wenn Dvořák die Hölle in ein böhmisches Dorfwirtshaus verwandelt, aber ganz geht sein wagnerisches Deklamato – Janáček nahm es für seine Wortmelodie-Theorie in Anspruch (Dvořák sei «der Melodie des tschechischen Wortes auf der Spur» gewesen) – mit der Herzhaftigkeit des Naiv-Volkstümlichen doch nicht zusammen. Es gibt wenige Arien, auch wenn die Partitur tänzerisch betont ist; hurtiges Parlando, das sich kompositorisch

Josef Suk

virtuos mit leitmotivischen Varianten verquickt, zeugt von Dvořáks
reifem Handwerk, aber sein Bestes, die melodische Inspiration, findet in
dieser im November 1899 sorgfältig einstudierten und erfolgreich im
Prager Nationaltheater uraufgeführten Partitur weniger Entfaltungs-
möglichkeit als früher.[76]

Desto mehr aber in der unmittelbar folgenden Oper, die sein dramatisches Chef d'œuvre werden sollte, der *Rusalka*. «Als ich im Herbst des J.
1899 das Libretto zur ‹Rusalka› schrieb, ahnte ich nicht, daß ich für
Antonín Dvořák schriebe. Ich schrieb, ohne zu wissen für wen . . .» so
Jaroslav Kvapil, der Textautor.[77] Kvapil (1868–1950) war sicher der poe-
tisch beste Partner Dvořáks, was nicht zugleich heißt, daß sein «Rusalka»-Libretto ein Meisterwerk des Genres ist; dazu entbehrt es, bei allen
rein dichterischen Qualitäten, der theatralischen Schlagkraft, die ein so
simples Libretto wie Lortzings «Undine» auszeichnet. Interessanter, als
daß Komponisten wie Suk und Foerster die Vertonung abgewiesen hatten, erscheint die Tatsache, daß da ein junger Poet ein Opernlibretto auf
gut Glück zu Papier brachte: Zeichen des Opern-Prestiges schlechthin.
Wieder wurde das Libretto durch den Theaterdirektor Šubert vermittelt,

114

wiederum sprang Dvořák an. Er brauchte nur Kindheitserinnerungen, die durch lebendige Märchen-Folklore geprägt waren, mit der Naturpoesie, die ihm stille, Naturlaute raunende Tümpel in der Landschaft seines geliebten Vysoká-Landsitzes suggerierten, in schöpferisch-phantastische Verbindung zu bringen.

Fast das ganze Jahr 1900, vom April bis zum November, widmete Dvořák der Komposition der Oper *Rusalka*. Wasserjungfrauen, die Menschen verhängnisvoll in die Tiefe ziehen, erregten die abendländische Phantasie seit Jahrhunderten als Undinen, Rusalken, Melusinen; Heinrich Heines Loreley ist nur die populärste der mythologischen Schwestern, die alle den rätselhaft beunruhigenden Einbruch der personifizierten Natur in die Menschenwelt symbolisieren. Kvapil schrieb sein Libretto in freier Anlehnung an de la Motte-Fouqués Erzählung. Doch auch Einflüsse von Lortzings «Undine» und Andersens Märchen «Die kleine Seejungfrau» sind vorhanden, während aus Gerhart Hauptmanns «Versunkener Glocke» sogar einzelne Szenen und Verse übernommen wurden.

Rusalka ist eine Wassernixe, die sich nach dem Menschsein sehnt; Bedingung dafür ist, daß sie dann stumm bleibt. Ein Prinz freit sie, eine Fürstin macht ihn ihr abspenstig; Rusalka kehrt in ihr Element zurück, des Prinzen Reue kommt zu spät. Rusalkas Kuß ist nun tödlich. In Kvapils Dichtung herrscht lyrischer Fin de siècle-Pessimismus: die Naturwesen sind gutmütig – der Wassermann, Rusalkas väterlicher Freund, erscheint hier als freundlicher Verwandter des namengebenden Dämons der vorangegangenen symphonischen Dichtung Dvořáks –, die Menschen sind eigensüchtig und böse. Des Komponisten Sympathien liegen auch ganz bei den Naturwesen. Prinz und Fürstin sind musikalisch nur konventionell ausgestattet, Rusalka und die Geschöpfe ihrer Umgebung erfreuen sich verschwenderischer Lyrismen Dvořáks, nicht nur in der berühmtesten Nummer der Partitur, dem Ges-Dur-Lied an den Mond. Die Verquickung von Liedformen und wortschmiegsamem Arioso, die reiche Leitmotivik (nicht nur personaler, auch an psychische Situationen gebundener), die Farbigkeit von Harmonik und Orchestrierung, das alles zeigt den Wagner-Bewunderer Dvořák auf einer bisher noch nie erreichten Höhe der Meisterschaft, ohne daß er seine persönliche Handschrift verleugnet hätte – und ohne daß er eine Girlande üppiger melodischer und klangerlesener Blüten zu einem musikalischen Drama sublimiert hätte. Der Untertitel «lyrische Szenen», den Tschaikowsky seinem «Eugen Onegin» als Gattungsbezeichnung beigegeben hatte, könnte mit mehr Recht die besondere Form der *Rusalka* charakterisieren.

Der Komponist arbeitete mit Lust und Hingabe an der Partitur. . . . *ich bin voller Begeisterung und Freude, daß mir die Arbeit so gut gelingt!*[78] Die Uraufführung im Prager Nationaltheater, am 31. März 1901, wurde zum bisher größten Triumph des Opernschöpfers Dvořák und zur Ge-

burtsstunde des bei den Tschechen, in gebührendem Abstand zur «Verkauften Braut», zweitpopulärsten Werkes der Musikbühne. Im Jahre 1956 wurde, allen zeitweiligen Kämpfen um Dvořák zum Trotz, die 800. Wiederholung registriert. Im Ausland setzte sich Dvořáks Meisterwerk nur langsam durch. Erst nach seinem Tode, 1908, zeigte das Theater in Laibach als erste fremdsprachige Bühne Interesse, und wieder vergingen zwanzig Jahre, bis Rusalka erstmals auf deutsch – am kleinen nordböhmischen Stadttheater in Gablonz – gespielt wurde. Nach dem Zweiten Weltkrieg begann man jedoch auch im Ausland, in Deutschland vor allem, die lyrischen Herrlichkeiten Rusalkas zu schätzen. Die neuen, «impressionistischen» Töne, die Dvořák in dieser seiner reifsten Partitur anstimmte, wurden frühzeitig bemerkt. Die zeitgenössischen Franzosen Debussy und Ravel beeinflußten ihn dabei weniger als Richard Strauss, mit dessen Werken er sich damals nach dem Zeugnis Suks intensiv beschäftigte. Šourek spricht von einem Rusalka-Impressionismus, «der sich nicht nur in der Vorliebe für das farbige Spiel von Halblicht und Halbschatten ausdrückt, sondern durch die Kraft der künstlerisch gesunden Persönlichkeit Dvořáks umgewertet wird in die ausdrucksvollen Linien jenes musikalisch unterschiedenen tschechischen Impressionismus, der sich später im Werk Vítězslav Nováks und Josef Suks so

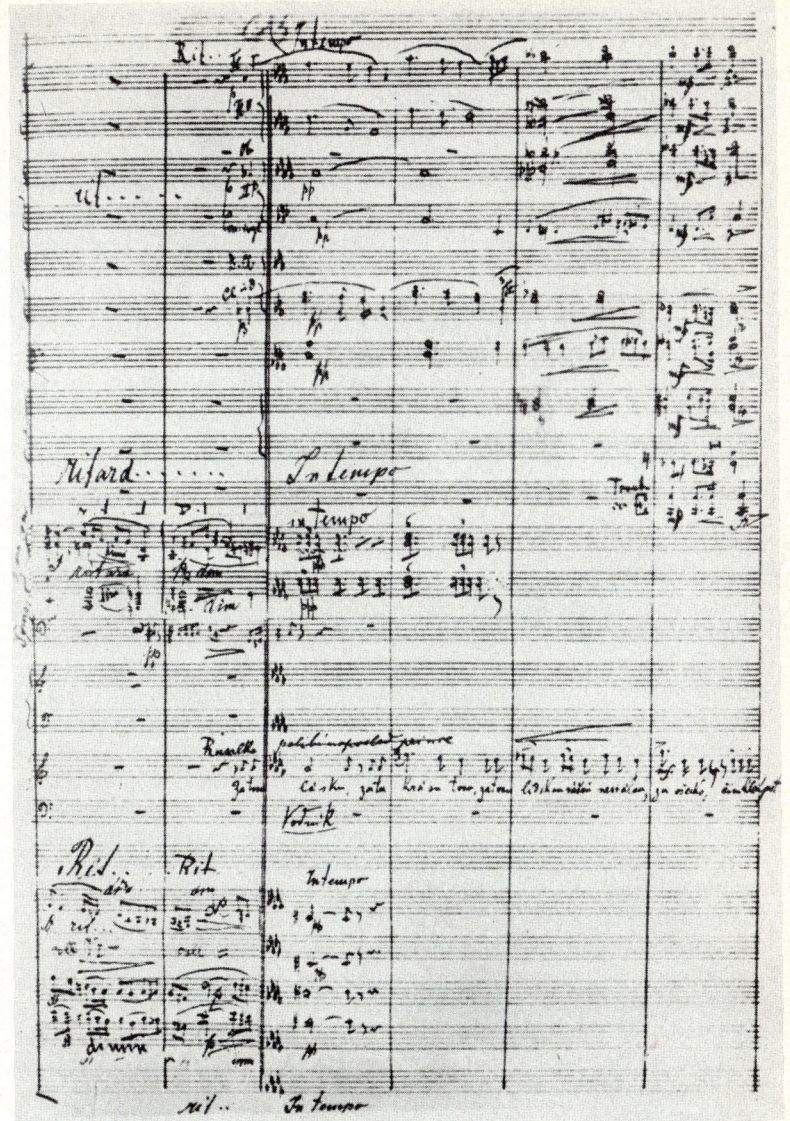

*Aus der Partitur der Oper «Rusalka»*

entfaltet»[79]. In den Chor der anerkennenden und begeisterten tschechischen *Rusalka*-Kritiker mischte sich eine brüsk abwertende Stimme: «Da wir keine andere Form des Singspiels zulassen können als das musikalische Drama, ist *Rusalka* schon in der ganzen Intention ein fehlerhaftes, schlechtes Werk.»[80] Die Stimme gehörte einem damals erst dreiundzwanzigjährigen Kritiker und wäre nicht so bemerkenswert, wenn nicht dieser Zdeněk Nejedlý später, als einflußreiches Haupt der Smetana-Partei, in der sozialistischen Tschechoslowakei dann als Kulturminister unerbittlich zur Abwertung des Opernkomponisten Dvořák beigetragen hätte.

*Also schnell, schnell – irgendein neues Libretto!* rief Dvořák seinem Kompagnon Kvapil fröhlich und gut gelaunt zu, als er ihn kurz nach der Premiere zum erstenmal wiedersah. Aber Kvapil hatte keines in der Schublade, und ehe Dvořák sich tatsächlich zu einer neuen, letzten Opernkomposition entschloß, sollte noch über ein Jahr vergehen. Voller Hoffnung verhandelte Dvořák mit dem Wiener Hofoperndirektor Gustav Mahler, der die *Rusalka* aufführen wollte; Leo Slezak war für den Prinzen in Aussicht genommen. Man bot Dvořák einen sehr günstigen Aufführungsvertrag an, aber gerade jetzt, als die Voraussetzungen für einen endlichen Erfolg auf einer großen deutschen Bühne so günstig waren wie nie zuvor, jetzt zögerte Dvořák unbegreiflicherweise so lange mit seinem Einverständnis, bis andere Spielplandispositionen Mahlers Plan durchkreuzten. In der Mailänder Scala hingegen erklang Dvořák-Musik, freilich symphonische: Toscanini führte die neunte Symphonie glanzvoll auf. Dvořáks Schüler Oskar Nedbal propagierte als Dirigent seines Meisters Werke ringsum in Europa, ebenso Hans Richter mit unermüdlicher Begeisterung, und besonders glücklich war der Komponist, als im April 1901 Arthur Nikisch mit den Berliner Philharmonikern in Prag gastierte und den Beifall nach dem Vortrag der *Waldtaube* auf Dvořák in seiner Loge hinleitete: das Orchester bereitete ihm einen Tusch, er mußte aufs Podium herabsteigen. Kurz zuvor war ihm eine große, offizielle Ehrung widerfahren. Er – als erster Komponist überhaupt – und Jaroslav Vrchlický als Repräsentant der tschechischen Literatur waren vom Kaiser zu Mitgliedern der zweiten Kammer des österreichischen Parlaments, des Herrenhauses, ernannt worden. Dvořák warf sich in den Frack, um den Eid – in tschechischer Sprache – in dem hauptsächlich von Aristokraten bevölkerten Senat zu leisten. Sein erster Auftritt im Herrenhaus war auch sein letzter; ähnlich hatte es Verdi als Politiker gehalten. «Jedes Mitglied des österreichischen Parlamentes hatte einen Schreibtisch mit einer Schublade vor sich, ein Tintenfaß, eine Streubüchse, ein Löschblatt, einige Federn und ein paar gespitzte Bleistifte, Hardtmuth Nr. 2, die weich und doch fest waren, die besten Erzeugnisse dieser Art. Diese Bleistifte gefielen Dvořák sehr. Er nahm sie alle und steckte sie ein. Als er das Parlamentspalais verließ, zeigte er sie, seine

*Arthur Nikisch*

Beute, seiner Frau, die ihn erwartete, und sagte: *Da schau, damit wird sich's komponieren!*»[81]

Aber zum Komponieren kam er noch lange nicht, sieht man von dem beiläufigen *Festgesang* zum 70. Geburtstag des früheren Konservatoriumsdirektors Dr. Josef Tragy ab. Jetzt war auch der amtierende Direktor Bennewitz rücktrittsreif; wer anders sollte dessen Nachfolger werden als der gefeiertste Komponist unter den Lehrern? Man wählte Dvořák im Juli 1901 zum neuen Leiter des Instituts, war sich jedoch darüber einig, daß dies nur ein repräsentatives Amt sein sollte; die Geschäfte führte praktisch der tüchtige Karel Knittl, man war schon froh, daß Dvořák weiterhin Kompositionsunterricht erteilte. Sein 60. Geburtstag wurde nach Gebühr gefeiert. Der Geburtsort Nelahozeves besann sich seines berühmtesten Sohnes, veranstaltete Feiern mit Festmesse, Festreden, Fahnen und Böllern – aber in Abwesenheit des Jubilars, der sich vor allen Feiern nach Wien geflüchtet hatte, genau wie die Prager, die im National-theater einen Dvořák-Zyklus veranstalteten, mit mehr oder weniger sorgfältig einstudierten, immerhin sehr vielen Dvořák-Opern: *Die Dick-schädel* (gekoppelt mit einem aus den *Slawischen Tänzen* gewonnenen

119

Ballett), *Der Bauer ein Schelm*, *Dimitrij*, *Der Jakobiner*, *Der Teufel und Käthe*, *Rusalka*, schließlich die szenische Wiedergabe des Oratoriums von der *Heiligen Ludmila* – reichliche, musikdramatische Ehrung des Jubilars, wenn auch nicht der ursprünglich geplante komplette Zyklus seiner Bühnenwerke.

Im November, bei der nachverlegten offiziellen Geburtstagsfeier, mußte sich der scheue Jubilar endlich stellen. Ein Lampionzug vom Nationaltheater in die Korntorgasse, mit Hochrufen vor dem Haus, zwang ihn erneut ans Fenster (*Sagt ihnen, sie sollen mit dem Geschrei aufhören!*), dann in den Hof, unters feierbereite Volk: sein Leben lang, so bedankte sich Dvořák, sei sein Wahlspruch gewesen: *Durch den Gesang zum Herzen, durchs Herz zum Vaterland*, und so wolle er es auch weiter halten.[82] Rings im Lande, in vielen Städten Böhmens und Mährens, würdigten die tschechischen Bürger den Jubilar nicht minder kultur- und nationalbewußt als die Prager. Und Dvořák hatte die Freude, daß seine Tochter Magdalena vielerorts als Altistin mitwirkte.

So festfröhlich ging es nicht immer zu. Freunde, Kollegen waren gestorben: im Jahre 1900 der erst fünfzigjährige, als Smetana-Nachfolger auf den Schild gehobene Zdeněk Fibich, ein Jahr später Verdi und der langjährige Weggenosse und Wegbereiter des Ruhmes, Fritz Simrock, der nach langem Leiden in Lausanne starb. War Dvořák tragisch gestimmt, als er sich endlich, nach für ihn ungewohnt langer «Arbeitslosigkeit» (. . . *ich bin bereits mehr als vierzehn Monate ohne Arbeit, kann nichts unternehmen und weiß nicht, wie lange mein jetziger Zustand noch dauern wird*[83]), entschloß, sich nochmals mit Vrchlický, dem Librettisten der *Heiligen Ludmila*, zusammenzutun und dessen bereits seit 1888 vorliegendes Libretto einer «Armida»-Oper zu vertonen? Es hatte schon dem Komponisten und inzwischen zum Chefdirigenten des Nationaltheaters aufgestiegenen Karel Kovařovic vorgelegen – der besseren musikdramatischen Instinkt als Dvořák bewies, indem er die Kompositionsskizzen abbrach.

Wenn es je ein «unmögliches Libretto» gab (und es gibt deren wahrhaftig viele), hier war eines. Prompt fiel Dvořák auf die Gleisnerei des Reimbolds Vrchlický herein, wahrscheinlich verlockt durch die Chance, endlich mit einem Stoff aus der Weltliteratur die Wiener, die deutsche, die internationale Musikbühne zu erobern, die seinen böhmischen und slawischen Stoffen so gar kein Interesse entgegenbrachte.

«Armida» war ein seit Jahrhunderten bewährtes Sujet, unter anderen von Lully, Händel, Gluck und Rossini veropert. Vrchlický reicherte die auf Torquato Tassos «Gerusalemme liberata» zurückgehende Liebesgeschichte zwischen dem Kreuzritter Rinaldo und der schönen Heidin Armida mit christlich-humanistischem Ethos an, was Dvořáks gläubige Seele ansprach. Andererseits faszinierten den Wagner-Verehrer Verführungs- und Erlösungsparallelen mit dem «Tannhäuser», den er für Wag-

*Karel Kovařovic*

ners Gipfelwerk hielt. Aber Vrchlickýs Libretto erschöpfte sich in routi-
nierten Reimereien, versagte in der psychologischen Zeichnung der Figuren und flüchtete in schwach motivierte Zaubereien einer seit hundert
Jahren überwundenen Bühnentechnik. Zweifellos ist die Partitur der
*Armida* erheblich besser als die ganze Oper. Auch wenn die ritterliche
Welt mit einem etwas hohlen, Wagner nur deklamatorisch
nachgelauschten Pathos symbolisiert ist und der intrigante Gegenspieler
Ismen als bloßer Opernschurke erscheint: wo Dvořák statt von Heroik
von Gefühl und Mitleiden inspiriert wird (so in der lyrischen Ausstat-
tung der Titelheldin oder in dem warmblütigen Ges-Dur-Schlußduett),
dort erhebt er sich auch in diesem seinem letzten, und letztlich wesens-
fremden, musikdramatischen Werk auf die volle Höhe der Schöpfer-
kraft.[84]

Das Publikum der Uraufführung – im März 1904 – zollte dem geliebten und verehrten Meister schuldigen Tribut; er aber hatte mehr Ärger
als Freude an der Einstudierung. Ein Streik der Orchestermusiker gegen
den Dirigenten Kovařovic verschob sie, die Inszenierung litt unter man-
gelhaften Dekorationen. Dvořák selber hielt *Armida* für seine beste Oper
(auch Genies sind nicht verpflichtet, sich selbst am besten zu erkennen).
Er hatte mit großer Anteilnahme, aber auch mit launischer Unwirschheit

121

*Der Trauerzug*

die Proben verfolgt. Damals kam Edvard Grieg nach Prag, mit dem sich
Dvořák gut verstand. Meyerbeers «Hugenotten», längst zum Symbol
einer altmodischen, verjährten Opernform geworden, entzückten ihn,
«Carmen» fand er musikalisch großartig, aber – wie einst Beethoven
«Figaro» und «Così fan tutte» – unmoralisch, in Puccinis «Tosca» bemän-
gelte er die parallelen Quinten, die seinen an Haydns, Mozarts und
Beethovens reinem vierstimmigem Satz geschulten Ohren einfach
schlecht klangen. Aber deshalb war er doch kein akademisch verkalkter
Tonsatzlehrer. Einen seiner ehemaligen Schüler machte er «mit ernstem
Gesicht» auf «falsche Noten» im Klavierauszug von Gustave Charpen-

tiers damals neuer Oper «Louise» aufmerksam: *Sehen Sie mal, Menschenskind, dieser Charpentier ist ein sonderbarer Musiker. Überall hat er falsche Noten! . . . Also – wie würden Sie's besser machen?* Als der Schüler schüchtern Verbesserungen vorschlug, blickte ihn Dvořák «verächtlich an», zeigte auf jenen Akkord Charpentiers und erklärte: *Nein – so ist es richtig!*[85]

Gleich nach Fertigstellung der *Armida* nahm sich Dvořák ein neues Opernlibretto vor, das wahrscheinlich noch unmöglicher als das zur *Armida* war, jedenfalls aber dilettantischer. Der Fabrikdirektor Rudolf Stárek hatte die alttschechische Sage von dem Helden Horymír, der mit seinem Roß vom Vyšehrad in die Moldau sprang, librettisiert; Dvořák füllte fünf Seiten mit Kompositionsskizzen. Aber schon bei der Premiere der *Armida* hatte er die Loge wegen eines plötzlichen Unwohlseins verlassen müssen. Sein ganzes Leben lang war Dvořák nie krank gewesen. Jetzt mußte er sich zum erstenmal ins Bett legen, und er sollte nicht mehr aufstehen. Er litt an einer schmerzhaften Lebererkrankung, Zerebralsklerose trat hinzu. Die Prager rüsteten im Frühjahr 1904 zum ersten Tschechischen Musikfest, bei dem Dvořáks Werke im Mittelpunkt standen; 76 Gesangsvereine trafen sich in der Hauptstadt Böhmens, 1600 Sänger stimmten die Chöre des Oratoriums *Die heilige Ludmila* an, Tausende feierten den Komponisten der *Neunten Symphonie* und vieler Kammermusik. Dvořák aber lag in der Wohnung in der Korntorgasse im Krankenbett, krank auch vor Sehnsucht nach Vysoká, wo der kleine Pepouschek, sein erstes Enkelkind, im letzten Sommer seine große Freude gewesen war.

Am 1. Mai fühlte er sich wohler, er begab sich zum Mittagstisch der Familie, aber kaum hatte er etwas Suppe gegessen, wurde ihm übel; man legte ihn zu Bett und rief den Arzt. Der jedoch konnte nur noch den Tod durch Gehirnschlag feststellen. Zehntausende von Menschen säumten den Weg des Trauerzuges, der sich wenige Tage später von der St. Salvator-Kirche nächst der Karlsbrücke durch die Straßen Prags zum Vyšehrad bewegte. Dort, auf der letzten Ruhestatt vieler großer Tschechen, senkte man Antonín Dvořák ins Grab.

Dvořák war ein Langsam-Reifer. Er trat erst als Vierzigjähriger ins
Bewußtsein der musikalischen Weltöffentlichkeit, und obwohl er die
Jahrhundertwende überlebte, gehört sein Hauptwerk dem 19. Jahrhundert an. Genauer gesagt: dem letzten Viertel des Säkulums, das man als
das «romantische» etwas vage, dennoch im wesentlichen treffend cha-
rakterisiert. In derselben Epoche vollendete sich das Lebenswerk von
Dvořáks Generationsgenossen, der um 1840 geborenen bedeutenden
Komponisten. Es sind Brahms, Bizet, Grieg, Fauré, Mussorgsky, Tschaikowsky, Rimsky-Korssakow – eine wahrhaft bunte Reihe. Nichts verbindet sie als ihre musikhistorische Position zwischen den Epochen: nämlich
zwischen Wagner, der ein Menschenalter früher entwicklungsgeschichtliche Wegzeichen gesetzt hatte, und der Fin de siècle-Generation der
Strauss, Mahler, Debussy, Schönberg, Strawinsky, die zu Mussorgskys
«neuen Ufern» aufbrachen.

Jeder schöpferische Künstler ist den Bedingungen, Voraussetzungen
und Konventionen seiner Zeit verhaftet, wie verschiedenartig sie immer
sein mögen, er ist letztlich nur aus ihnen zu verstehen und nur mit
seinesgleichen, das heißt: mit seiner Generation Gleichen, zu messen.
Sie alle übertrifft Dvořák durch die Universalität seines Œuvres.

Kein anderer ist ihm darin vergleichbar. Leicht ist es, Überlegenheiten
anderer zu registrieren: mit Bizets «Carmen» oder Mussorgskys «Boris
Godunow» kann sich keine einzige Dvořák-Oper messen. Der Klavier-
komponist Grieg war Dvořák, so bescheiden beider Beiträge sein mögen,
in der Nachwirkung überlegen, und selbst auf Dvořáks ureigensten
Bereichen, der Symphonie und der Kammermusik, mag man beim Vergleich mit Brahms um Ränge streiten, so dubios das erscheint. Unantast-
bar sind jenseits schwankender Wertung die Fakten der kompositorischen Universalität. Brahms war die Oper völlig fremd, Bizet und Mussorgsky die Symphonie, Tschaikowsky die musica sacra. Außer der
Orgelmusik gibt es kein kompositorisches Genre, das Dvořák nicht mit
vollgültigen Werken bedacht hätte. In seinem Œuvre sind nicht nur die
instrumentalen und vokalen Formen eines ganzen Jahrhunderts synthe-
tisiert, sondern auch dessen stilistische Strebungen.

Drei Haupttendenzen beunruhigten und befruchteten die Musik von
Dvořáks Zeit. Im deutschgeprägten Zentralbereich die Antithese von
Wagners «unendlicher Melodie» und Hanslicks Ästhetik der «tönend
bewegten Formen», die Dialektik von «programmatischer» und «absoluter» Musik; dazu traten, am Rande der klassischen europäischen Musikkulturen, junge, außenseiterische Kräfte, die namentlich bei den Slawen
(von Chopin, Glinka bis Smetana und Mussorgsky) Farben, Formen und
Fabeln aus der bis dahin schlummernden Tiefe der Volksmusik hinzutru-
gen. In Dvořáks Schaffen fließen alle drei Ströme zusammen. Nicht kraft

einer herrisch-überragenden Persönlichkeit, wie es Beethoven oder Wagner waren – niemals hätte sich der «einfache tschechische Musikant», als den Dvořák sich selber bezeichnete, mit den scheu verehrten Meistern verglichen –, vielmehr mit einer entwaffnenden, aus Urgründen der Kreativität gespeisten Natürlichkeit.

Weder die «Wagnerianer» konnten Dvořák als Kronzeugen in Anspruch nehmen, obwohl er ein Wagner-Bewunderer war und im Früh- wie im letzten Reifewerk deutliche Zeichen davon gab, noch die antiwagnerischen «Brahminen», auch wenn er seinem Freund und Förderer Brahms zeitlebens in persönlicher und ästhetischer Verehrung verbunden blieb. Und der tschechisch-nationale Folklorist Dvořák geriet selbst bei seinen Landsleuten in den Geruch eines konservativen Reaktionärs: gerade bei den musikpolitisch federführenden, die ihm schon zu seinen Lebzeiten Verrat an der «fortschrittlichen» Sache Smetanas vorwarfen. Bis heute ist der Gegensatz zwischen Smetanianern und Dvořákianern, der um 1912 seinen giftigsten polemischen Gipfel erreichte, nur national übertüncht, aber nicht ganz ausgestanden.

Den Rest der Welt mag dieser Streit lächerlich, als interne querelle tchèque anmuten. Hat es je einen typischeren tschechischen Musikanten gegeben als den Schöpfer der *Slawischen Tänze*, der *G-Dur-Symphonie*, des *Cellokonzerts*? Sicher war Dvořák das, auch im Vergleich mit Smetana, der ihm Prioritäten auf der für das Nationalbewußtsein der Tschechen so wesentlichen Musikbühne, Intellektualität und Geistigkeit im Sinne dessen, was dazumal als progressiv galt, voraus hat. Doch gilt es, aller bejahrten und vom Zeitablauf ohnehin relativierten innertschechischen Wertungen ungeachtet, Dvořák gegen jenes Klischee vom «tschechischen Musikanten» in Schutz zu nehmen. Darin liegt eine Abwertung, ein ungebührliches Auf-die-Schulter-Klopfen – etwa von der Art, wie man von «Papa Haydn», dem biederen, geistig ein wenig unbedarften, nicht ganz voll zu Nehmenden zu sprechen beliebte. Mit Haydn hat Dvořák nicht nur jenes ausschließliche Denken in Tönen gemeinsam, das schon Janáček registrierte (wer dies abwertet, müßte auch Bachs oder Mozarts Künstlertum abwerten); mit dem um mehr als ein Jahrhundert Älteren verbindet ihn Universalität und, zumindest in der nationalen Musikkultur, pionierhaft Schöpferisches. War Haydn der Vater des Streichquartetts und der klassischen Symphonie überhaupt, so verdankt die tschechische Musik das erste Streichquartett, die erste Symphonie, das erste Instrumentalkonzert – und mehrere danach – dem «Musikanten» Antonín Dvořák.

Diese Leistung, unermeßlich groß für die Entwicklung der tschechischen Nationalmusik, würde noch nicht Dvořáks Rang in der Weltmusik ausmachen. Ähnliche Pioniertaten in anderen jungen Musikkulturen, etwa Glinkas und Moniuszkos Opern oder Borodins erste russische Symphonie, sind ja keineswegs so sehr internationaler Besitz geworden

wie Dvořáks Meisterwerke. Zum Reiz des erfrischend Fremden, Folkloristischen, das schon die Zeitgenossen an den *Slawischen Tänzen* und den
*Klängen aus Mähren* so entzückte, mußte mehr treten, um jene Frische
über ein Jahrhundert hinweg zu konservieren und auch den Werken, die,
wie etwa die *d-moll-Symphonie,* kaum davon zehren könnten, die Wert-
beständigkeit zu sichern: es ist letztlich die Höhe des kompositorischen
Niveaus, die Dvořáks Rang bestimmt – und zwar eine außerordentlich
schwankungsfreie Niveauhöhe.

Fast bei jedem Meister, zumal bei den romantischen, begegnet man
unbegreiflich minderwertigen Nebenprodukten, selbst bei Genies wie
Beethoven, Schubert oder Schumann. Nicht so bei Dvořák. Gewiß weist
die Linie konsequent nach oben, und das Gefälle zwischen den tastenden
Fingerübungen (die er selber vernichtete oder nicht gelten ließ) und den
Produkten der Reife erscheint gewaltig, zumal in Dvořáks Opern. Dort
freilich drücken außermusikalische Gegebenheiten des komplexen «Ge-
samtkunstwerks» auf das Niveau, das Libretto vor allem. Wo er frei und
autonom walten kann, tritt er als junger Meister auf den Plan. Das
*Quintett in a-moll* des Neunzehnjährigen, das sogenannte op. 1 – aber
keinesfalls etwa die erste Komposition! – zeichnet sich bereits durch
dieselbe handwerkliche Perfektion aus, die dvořákisch letztlich jedwedem
Produkt, das er selber anerkannte, eignet, und in dieser Beziehung ist es
vom op. 105, der letzten kammermusikalischen Komposition, um viel
weniger entfernt als die dazwischen liegenden 34 Jahre beständigen
Gewinns an Erfahrung und geistiger Reife.

Wenn Dvořák in seiner Prager Wohnung komponierend am Schreibtisch saß – Endphase eines langen Inkubations-Prozesses –, hatte er an
der Wand ein Bildnis Beethovens vor Augen. Fast ein Götzenbild, mah-
nend, aber unnahbar. Beethoven bewunderte und verehrte er. Schubert
liebte er. Es mag Zufall sein, sporadisch, wie Dvořák zur schriftstelleri-
schen Feder griff, daß die einzige größere Äußerung über einen Komponisten-Kollegen Franz Schubert galt, und selbst diese erschien nur über-
setzt und vermittelt in der Öffentlichkeit.[86] Die Affinität zwischen den
beiden Erzmusikanten Schubert und Dvořák war jedoch keinesfalls zufällig. Landsmannschaftliche Gemeinsamkeiten, über Volkstumsgrenzen
hinweg, mögen vieldeutig sein; immerhin bleibt es ein Faktum, daß der
gebürtige Wiener Schubert keinen Tropfen Wiener Bluts in seinen
Adern hatte, da beide Elternteile, zweifellos deutschbürtig, aus Mähren
stammten, aus demselben Mähren, das Dvořáks musikalisches Idiom
entscheidend prägte. Viel mehr als der Liedschöpfer beeinflußte der
Symphoniker und Kammermusiker Schubert den Tschechen. Hier sind
die Verwandtschaften innerhalb des «Musikantischen» vielfältig; von
harmonischen Eigenarten, wie der Bevorzugung von Dur-Moll-Wech-
seln und Modulationen in die Mediante, bis zur thematischen Struktur:
da wie dort fallen die Lied-Themen, die vorherrschende Kantabilität ins

Ohr (was man bei anderen Dvořák-Vorbildern, Beethoven oder Brahms etwa, gewiß nicht als hervorstechendstes Charakteristikum bezeichnen würde).

Daß Dvořák «mehr ein Melodiker als ein Architektoniker»[87] sei, ließe sich von Schubert ebenso sagen, und auch, daß die Exposition des Materials wesentlicher sei als die Durchführung; sie ist bei Dvořák meist kurz, freilich keineswegs ungewichtig. Naturgemäß lebt ein «Melodiker» vom Einfall. Bei Beethoven kann man bewundern, wie viel er aus wenig «macht», bei Dvořák besticht sofort die scharfe, unverwechselbare Themenprägung, die scheinbar spontane, verschwenderische Fülle des Einfalls. Doch der Schein trügt. Was an Dvořáks Themen so plastisch, so unmittelbar wirkt, ist sehr oft erst die Frucht eines langen Denkprozesses; der Weg vom Grundeinfall bis zur Endgestalt ist kaum weniger kompliziert als bei Beethoven. Dvořák hat nicht so viele Skizzenbücher hinterlassen, aber an den erhaltenen läßt sich jene «Vorkomposition» des Einfalls sehr anschaulich verfolgen, gerade bei den Meisterwerken. Wie einfach, selbstverständlich klingen die Themen der letzten beiden Symphonien – und wie ganz anders, um vieles unprägnanter sehen ihre zuerst notierten Skizzen aus. Zehnmal änderte Dvořák das Hauptthema des Finalsatzes der *Symphonie aus der Neuen Welt* um, fünfmal die Einleitung zum Adagio, fünfmal das Hauptthema des Finales der achten Symphonie, bis es aus der «Melodie» zum symphonischen Baustein wurde. Dvořák selber hat sich selten und widersprüchlich genug über seine Kompositionstechnik geäußert. Auf der letzten Schaffenshöhe, 1894, sagte er zu dem Komponisten Foerster: *Der Einfall ist alles*, und sieben Jahre später zu Schülern: *Einen schönen Gedanken zu haben, das ist noch nichts so Besonderes . . . Aber einen Gedanken hübsch durchführen und etwas Großes daraus zu machen, das ist gerade das Schwerste, das gerade ist – Kunst.*[88] Eines scheint das andere auszuschließen, doch alle Unlogik des naiven Wortinterpreten löst sich im Werk. In dessen Endgestalt sind Einfall und Verarbeitung ein untrennbares Ganzes und bedingen einander. Daß sich vordergründig die Einfachheit und Selbstverständlichkeit der Komposition mitteilt, täuscht über oft sehr komplexe Stationen des Werdens hinweg und hat nichts mit Simplizität zu tun.

Simplifizierung ist hingegen das Etikett vom «Musikanten». Es mag am ehesten für die literarische Wahllosigkeit und Unbedenklichkeit des Opernkomponisten Dvořák zutreffen – keinesfalls aber für den Schöpfer absoluter Musik. So auslesend, verwerfend, ändernd, umformend wie Dvořák in den Reifewerken seiner Kammermusik und Symphonien verfährt kein «naiver Musikant». Dvořák war auch durchaus nicht der unkritische, übersprudelnde Vielschreiber, als den ihn das Riesenœuvre von mehr als 150, meist zyklischen, Werken erscheinen lassen könnte. Er komponierte am Schreibtisch meist sehr ökonomisch, nur wenige Stunden am Tag, und wenn er manchmal dadurch verblüfft, daß er einen ganzen Streichquartettsatz binnen weniger Tage zu Papier bringt, so kann man sicher sein, daß eine ausgedehnte Denkarbeit vorangegangen ist.

Sie kommt am ergiebigsten Dvořáks absoluter Musik zugute, in der man das Wesentlichste seines Schaffens zu sehen hat. Das bedeutet nur eine Relativierung, keine Unterschätzung seiner vokalen Werke. Im Gegenteil: es gilt deren beste, wie das *Requiem*, die *Biblischen Lieder* oder die letzten Opern, gegen Unterschätzung im Ausland zu verteidigen. Was nicht bedeutet, gegen ihre Mängel blind zu sein, namentlich, was die Opern betrifft. Daß er auf der internationalen Bühne bei weitem nicht die Anerkennung erlebte wie in den Konzertsälen, schmerzte ihn tief. Gelegentliche leichtfertig hingeworfene Äußerungen – *Was hab ich davon, wenn eine Oper dramatisch ist! Wenn's nur schöne Musik ist*[89] – sind nicht auf die Goldwaage zu legen. Sie werden durch die Sorgfalt widerlegt, die Dvořák, oft umkomponierend und nachträglich bearbeitend, seinem musikdramatischen Schaffen widmete. Doch bleibt unleugbar, daß ihn die Sicherheit verließ, sobald er es mit dem Bühnenwort zu tun hatte. Das Signum schöpferischer Originalität und Vollendung, das den Meister-Symphonien und -Streichquartetten eignet, kann man keiner von Dvořáks Opern gleicherweise zubilligen, mit Ausnahme von *Rusalka*, die man als naives, spätromantisches Märchen in Musik auch bei uns zunehmend erkennt und schätzt. Alle anderen Dvořák-Opern werden von unzulänglichen Libretti belastet. Die Fülle vollwertig dvořákischer Musik, die in so gegensätzliche Werke wie den heroisch-effektvollen *Dimitrij* und den volkstümlich-kantablen *Jakobiner* verschwenderisch ausgegossen ist, sollte jedoch stark genug sein, um dramaturgische Schwächen zu kompensieren; es stehen schließlich genug librettistisch gleichfalls mangelhafte und musikalisch ärmere Opern auf den Bühnen der Welt im Repertoire – aber guten alten Bekannten sieht man eben gewisse Schwächen nach, und *Dimitrij* und der *Jakobiner* gehören im Ausland immer noch, trotz sporadischer, dabei ausgesprochen erfolgreicher Aufführungen, praktisch zum «unbekannten Dvořák».

Außerdem: wer mehr Melodiker als Architektoniker ist, muß es dort am schwersten haben, wo es um die Bewältigung mehrstündiger Distanzen geht, die ohne einen formal disponierenden und stützenden Bauplan nicht zu bewältigen sind. Nicht daß Dvořák planlos Opern komponiert hätte, zumindest nicht im Spätwerk. Aber er genoß weder die Sicherheit vorgeformter, in langer Tradition gewachsener Modelle, die selbst dem unfertigen Verdi in ihrer Begrenzung so «fertige» Opern wie den «Nabucco» oder, beispielsweise in der französischen Opéra comique, auch mittleren musikalischen Talenten vielfache Erfolgswiederholbarkeit ermöglichten, noch die Hilfe handwerkssicherer Librettisten, die durch «interessante Figuren», fesselnde Sujets und Raffinement des Szenenbaus hätten kompensieren können. Der Opernkomponist Dvořák befand sich noch in der Pioniersituation Smetanas und der Russen, die ohne verbindliche Modell-Tradition ihren Eigenweg zu einer nationalen Oper zwischen Mozart, Verdi und Wagner zu suchen hatten, er teilt mit ihnen allen den Widerspruch zwischen musikalischer Fülle und Mangel an weltgültiger Theaterform. Die beiden gloriosen Ausnahmen – «Verkaufte Braut» und «Boris Godunow» – bezeichnen die Schwelle, die nur geborene Musikdramatiker, allen Widerständen zum Trotz, überschreiten.

Noch die rein inspirative, nicht mehr unmittelbare Wort-Ton-Probleme aufwerfende Verbindung mit Literarischem beeinträchtigt bei Dvořák. Völlig freiwillig, gegen alle verlegerischen Lockungen – Simrock hätte neue Symphonien oder Streichquartette des weltberühmten Meisters mit Gold aufgewogen – entschloß sich Dvořák in seinen letzten Jahren, statt absoluter Musik Tondichtungen zu komponieren. Selbst ein Apologet wie Sychra[90] stellt Smetanas symphonische Dichtungen auf eine vergleichsweise «höhere Entwicklungsstufe», mit der Motivierung, daß dem älteren Meister dies «durch die Überwindung des Literarischen» gelungen sei. In der Tat klebt Dvořák eher am imaginären «Text». Am wenigsten in den drei *Slawischen Rhapsodien*, deren vager, undefinierbarer «Inhalt» ihnen nur gut bekommt, am stärksten in der ausgedehntesten der fünf Tondichtungen, dem *Goldenen Spinnrad*. Dvořáks Haften am erzählenden Text führte zu motivischen Wiederholungen, die so wenig musikalisch-formbildende Kraft gewannen, daß selbst der liebende und verehrende Schwiegersohn Josef Suk, in der besten Absicht, das Opus zu retten, zu radikalen Strichen griff. Der Vorgang ist bezeichnend. Wer hätte sich dergleichen je bei den Meisterwerken von Dvořáks absoluter Musik erlaubt?

31 Kompositionen für Kammermusik, darunter vierzehn Streichquartette, 50 für Orchester, die dramatischen Ouvertüren eingeschlossen, mit neun Symphonien im Kern – ein schon vom Umfang her gewaltiges Œuvre. Die Zahl der ausgereiften, vollgültigen Produktionen ist größer als sonst üblich. Von der Qualität her überragen freilich die Welt-Bestseller, die *Neunte Symphonie*, das *Cellokonzert*, das *Amerikanische Streichquartett* etwa, die nächstbesten ihrer Gattungen nicht so sehr, wie die heutige außertschechische Praxis es wahrhaben will. Aber postume Auslese ist selbst bei den Größten (man denke nur an das geschrumpfte Händel- oder Haydn-Repertoire) rigoros und vielfachen zeitbedingten Wertungsschwankungen ausgesetzt; bei Dvořák leiden darunter zum Beispiel solche Geniewürfe wie die *Slawischen Tänze* oder die *Slawischen Rhapsodien*, die aus dem symphonischen Konzertsaal in die U-Musik des Rundfunks und der Schallplatte abgerutscht sind – aus ähnlichen Gründen wie Smetanas «Moldau»: weil sie «zu schön» klingen, den Dirigenten zu wenig Widerstände und Probleme zu bieten scheinen. Das oberflächliche Etikett des «Musikantischen», bei den komplizierteren

Werken Dvořáks als Vorzug empfunden, mindert bei den einfacheren die Wertschätzung.

Sehr zu Unrecht. Denn zwischen der statischen, reihenden Bautechnik der tänzerischen oder serenadenhaften Kompositionen und der thematischen Arbeit der Symphonien und Streichquartette besteht kein qualitativer, sondern lediglich ein durch den Gegenstand bedingter Unterschied. In den reifen Symphonien und kammermusikalischen Kompositionen bestechen «slawische Tänze» als Scherzi, schlichte dreiteilige Lieder als langsame Sätze; kontrapunktische Finessen reichern umgekehrt einfachste Stücke an (man denke nur an die kanonisch geführte Fagott-Stimme im siebten *Slawischen Tanz in c-moll*), thematische Variations-Technik bindet Inhalt und Form der gelungensten symphonischen Dichtungen, wie der *Waldtaube*. Ob spontane, der Augenblicksstimmung entsprungene Bagatelle (wozu die meisten Klavierkompositionen zu zählen sind), ob sorgfältig geplante Großform: allen eignet unüberhörbar und unverwechselbar Dvořákisches.

Die melodischen Gestalten beeindrucken am unmittelbarsten, wobei Melos und Rhythmik nicht zu trennen sind; eben darin manifestiert sich der «tschechische Musikant» am greifbarsten. Daß er Symphonie und Sonate, die Hauptform seiner Kammermusik, mit Tänzen durchsetzte, den rhythmisch so charakteristischen Furiant in die Symphonie einführte (zum erstenmal im Scherzo der *Sechsten Symphonie*), erscheint als vergleichsweise äußerliches Folklore-Moment. Wesentlicher ist, wie sehr Dvořáks Tonsprache wirklich «Sprache» bleibt, im elementar folkloristischen Sinn, wie tief seine Melodie in der tschechischen Sprachmelodie wurzelt. Janáček, der Dvořák-Verehrer, hat die Stilisierung von Sprachmelodien (nápěvky) in seinen Opern geradezu zum Kompositionssystem erhoben. Dvořák geht unsystematisch, instinktiv vor. Er hat von Jugend an eine unerschöpfliche Fülle von Volksweisen im Ohr. Soviel Dvořáks Themen und Melos mit typischen Bildungen der Klassik und Romantik verbindet, zweierlei fällt als Eigenton auf: die vorherrschende Auftaktlosigkeit und die Synkopik des Rhythmus. Beides ist auch für tschechische Folklore charakteristisch, die ja selbst aus dem Tonfall der Sprache abgeleitet ist. Das Tschechische betont ausnahmslos auf der ersten Wortsilbe, auch Vorsilben; dadurch ergibt sich – ganz anders als etwa im Deutschen – ein trochäischer und daktylischer, auftaktloser Rhythmus der Melodik. Synkopisches entsteht aus der Eigenart der tschechischen Sprache, einer betonten kurzen eine unbetonte lange Silbe folgen zu lassen. Beide Charakteristika, die in der Volksmusik nicht nur Lieder, sondern auch textlose Tänze prägen, hat Dvořák übernommen und sublimiert; gerade in seinen absolut-musikalischen Kompositionen, deren thematische Expositionen «wie gesungen» anmuten.

Es ist leicht nachzuweisen, wie oft Dvořák Modelle der tschechischen Folklore – in den amerikanischen Werken auch der indianischen und

*Das Dvořák-Museum in Dientzenhofers « Villa Amerika » in Prag*

negroiden – «benutzte». Doch niemals sklavisch; schon von Smetana
hatte er gelernt, daß sich durch simple Verwendung von Volksweisen
keine Nationalmusik hohen Niveaus schaffen läßt. Die Vergleiche zwischen dem «benutzten» Rohstoff und seiner Endgestalt in den Partituren
bezeugen hundertfach Dvořáks kompositorische, wahrhaft erhöhende
Meisterschaft. Fleißig und praxisnah trainierte Handwerksfertigkeit
dient nur dazu, den Geist erfrischender, befruchtender Folklore in den
Formen hochentwickelter Kunstmusik lebendig zu halten. Hierher gehört auch Dvořáks Vorliebe für pentatonische Melodik. Sie verbindet

ganz natürlich die Hauptwerke der Amerika-Zeit – in der Symphonie *Aus der Neuen Welt* und im *F-Dur-Streichquartett* fallen pentatonische Themen ins Ohr – mit so «typisch tschechischen» Kompositionen wie der *Achten Symphonie* oder der Ouvertüre *In der Natur*. Melodien im Fünfton-Umfang sind weltweit musikalischer Ur-Besitz, und dem Urgrund des Musizierens war Dvořák nahe, ob er zu Hause oder in der Neuen Welt komponierte.

Ähnliches wie für Melos und Rhythmus gilt für Dvořáks Harmonik insofern, als er Eigenheiten der Folklore einverleibte – der mährischen vor allem. Sie ist in dieser Beziehung prägnanter als die böhmische; die sogenannte «mährische Modulation» mit ihren das klassische Dur-Moll sprengenden Wendungen in die mixolydische Tonleiter oder in die äolische Septime hat Dvořák seit seiner Beschäftigung mit den *Klängen aus Mähren* so fasziniert, daß tschechische Musikologen wie Sychra[91] von hier ab geradezu eine «radikale Wandlung» seines Stils datieren. Das mährische Volkslied wie auch Dvořák behalten solche Modulationen dramatischen Wendungen des emotionalen Gehalts vor: auch dies ein Zeichen von innerem Gleichklang. Solche Zeichen sind nicht zu übersehen, selbst wenn man die harmonische Dimension bei Dvořák insgesamt für vergleichsweise konventionell, der deutschbestimmten Klassik und Romantik verpflichtet hält. Auf die Eroberung von harmonischem Neuland war Dvořák nicht aus. Im Spätwerk verdichtet und erweitert sich das harmonische Gefälle, Farbe und Kolorit reichern sich an, so etwa die «impressionistischen» Klänge der *Rusalka* oder die Dreiklangfolge E-B-E-Des-Heses-ges-Des, die das Largo der *Neunten Symphonie* so unerhört stimmungsstark einleitet: nicht als «Klang an sich», sondern als ungewöhnlich formuliertes Klangsymbol für eine ungewöhnliche psychische Landschaft. Blech- und Holzbläser bestreiten hier allein das musikalische Geschehen, ein berühmtes Beispiel für die Orchestrationskunst Dvořáks. Sie war immer unbestritten. Bei Dvořák «klingt alles», ob im vierstimmigen Streichquartettsatz oder in der vollstimmigen Symphonie, weil er als praktizierender Musiker von Jugend an die Möglichkeiten aller Instrumente genau kannte. Themen, Kontrapunkte, begleitende Mittelstimmen sind nie abstrakt erfunden, sondern gewissermaßen den jeweiligen Instrumenten auf den Klangleib geschrieben. Dabei sind rein koloristische Effekte selten (wie etwa in der *Waldtaube*, wo deren mahnende Stimme durch zirpende Harfe über Oboen- und Flöten-Tremolo symbolisiert wird). Vielmehr bleibt alle Virtuosität der Instrumentation dem besonderen Ausdruck, der Durchhörbarkeit des Satzes dienstbar. Der Wagner-Verehrer Dvořák hat es da näher zu den alten Klassikern und nimmt zugleich Prinzipien des reifen Mahler vorweg.

Wo außermusikalische Probleme keinen unbewältigten Rest hinterlassen, in Kammermusik und Symphonie, entfaltet Dvořák seine Gaben als ein Meister des inneren und äußeren Maßes. Er war kein Mystiker wie Bruckner, kein Exhibitionist wie Tschaikowsky. Der Aussagedrang des Spätromantikers bescheidet sich in selbstgewählten Grenzen, innerhalb derer Inhalt und Form zur Harmonie gebändigt sind. Ziemlich genau vierzig Minuten dauern seine letzten Symphonien. Die Ausgewogenheit der einzelnen Sätze – mit je zehn Minuten für die Ecksätze, etwas mehr für den langsamen und weniger für das Scherzo – wirkt schlechthin vollkommen, was ähnlich für die Streichquartette, vom neunten an, für das Streichsextett, einen Solitär seiner Besetzung, für das Cellokonzert gilt. Eben diese an der deutschen Klassik, auch an Brahms natürlich, orientierte Formklarheit hat schon die zeitgenössische tschechische Kritik, die von der neudeutschen Tondichtungs-Ästhetik ausging, Dvořák zum Vorwurf gemacht. Er habe die alten Formen gedankenlos benutzt, «nichts Neues» geschaffen. Solche Kritik ignoriert, wie mühsam, vielfach experimentierend, wagnerisch-lisztische Zwischenlösungen verwerfend, Dvořák seinen Weg zur Form suchte, und auch, wie vielfältig er die klassizistischen Schemata abwandelte. Man braucht gar nicht an das völlig neuartige, sechssätzige *Dumky-Trio* zu denken. Auch innerhalb des hergebrachten Typus weicht Dvořák von formalen Modellen ab. Die Verquickung von Sonatensatz und Variation im Finale der *Achten Symphonie* ist so unorthodox wie die thematische Verklammerung aller vier Sätze im Finale der *Neunten Symphonie*. Und wie unverwechselbar sind die letzten vier Symphonie-Persönlichkeiten dem gleichen Formschema abgewonnen, jede ein Charakter für sich, mit keinem anderen zu messen!

«Nichts Neues schaffen»: der Einwand ließe schließlich Dvořáks gesamtes Œuvre in Frage stellen: nicht seine evidente Qualität, aber seinen entwicklungsgeschichtlichen Stellenwert in der Weltmusik. In der Tat, die progressivistische Perspektive wird bei Dvořák nichts finden, was ihn in die Reihe der Wegebahner der Moderne einordnen ließe. Deren dominante Gemeinsamkeit war um 1900, also noch während der letzten Schaffensblüte Dvořáks, die Erweiterung der Harmonik über die kanonisierten Gesetze der Dur-Moll-Harmonielehre hinaus, bei manchen geradezu ein Aufstand gegen diese. An der Emanzipation der Dissonanz, zu der bereits Mussorgsky, Debussys in den neunziger Jahren komponierter «Pelléas», Schönberg, Alexander N. Skrjabin, sogar der junge Richard Strauss beitrugen, nahm Dvořák überhaupt nicht teil. Die Herrschaft der tonalen Kadenz empfand er nicht als Zwang, ihre Gesetze waren für ihn unumstößlich: Garanten einer musikalischen Ordnung, die für ihn die Ordnung seiner Welt schlechthin spiegelte. Dissonanzen haben sich in Wohllaut aufzulösen, Spannungen des Lebens sind durch Arbeit und Tatkraft zu bewältigen – und Gott hilft dabei. Nicht konfliktlos, aber ungefährdet von Dämonie gibt Dvořáks Musik ein Abbild seiner Welt-Anschauung, in der Kunst und Natur, Humanität und Metaphysik keine Gegensätze bilden können, weil alles im Schoße des fraglos geglaubten und verehrten Schöpfers ruht. Wenn jüngstens der Musikologe Reinhard Gerlach einen Einfluß Dvořáks auf den konsequentesten Revolutionär der Neuen Musik, auf Arnold Schönberg nachwies[92], so enthüllt dieser auf den ersten Blick verblüffende Brückenschlag keinesfalls Keime der Dvořák-Musik, die etwa zur Zwölftontechnik führen könnten; es ist der vor-atonale Schönberg, der sich in seinem frühen D-Dur-Streichquartett von Dvořáks amerikanischen Quartetten bis zum bewußten Zitat beeinflussen ließ.

Nein, für die Fortschrittsperspektive ist Dvořák gänzlich unbrauchbar. Er war kein Revolutionär, in der Harmonik so wenig wie im Formalen, und noch die persönlichste Errungenschaft von Dvořáks Musik, die Anreicherung des Europäisch-Etablierten mit den Vitaminen tschechischer Volksmusik, weist nicht in entwicklungsgeschichtliches Fruchtland: der folkloristische Brunnen ist für Komponisten der Zeit nach Bartók, und schon gar für die «nach Webern», versiegt. Nun ist die progressivistische Sicht, so sehr sie bei Musikhistorikern des 20. Jahrhunderts dominiert, keinesfalls die einzige, ihre Legitimität wird vielmehr durch vielfache zeitbedingte Voraussetzungen – stilistische, gesellschaftliche, speziell nationale – relativiert. Dvořák war ganz und gar ein Mann des 19. Jahrhunderts; was dessen Zeitgenossen als fortschrittlich und als konservativ empfanden, erscheint heute geradezu auf den Kopf gestellt. Die späte Ehrenrettung Hanslicks zeugt ebenso davon wie die Umwertung von Verdis Werk: für die einst tonangebenden Progressivisten war einzig der mißverstandene «Wagnerianer» des «Othello» ernst zu nehmen, der frühe Verdi des «Trovatore» hingegen als Leierkasten-Melodiker verachtet. Die Verdi-Renaissance des 20. Jahrhunderts hingegen begeisterte sich just an den Jugendopern, ohne deshalb die Vorzüge des Alterswerkes zu unterschätzen.

Qualität als Maßstab ist auch für die Bestimmung von Dvořáks Rang legitim. Man braucht nicht in irrationale Wertungsbereiche, der «schöpferischen Persönlichkeit» etwa, zu flüchten, um bei Dvořák kompositorische Qualität festzustellen. Die Evidenz von Einfall und professionellem Niveau des Handwerks ist unbestreitbar, die von den Geschmackswandlungen des 20. Jahrhunderts kaum beeinträchtigte Präsenz seiner Hauptwerke indiziert Klassizität der Wertschätzung. Daß seine zeitgeschichtliche Stellung eher die eines universalen Zusammenfassers als die eines Erneuerers war, teilt er, über Epochen hinweg, mit Genies wie Bach und Mozart. Probleme wirft die Diskrepanz zwischen Dvořáks nationaler und internationaler Bedeutung auf. Sie ist statistisch nachzuweisen in der Vielzahl der Werke, die bei den Tschechen lebendige Musikpraxis sind, und in der schmalen Auslese, die das Ausland trifft. Die Tendenz geht immerhin in der Gegenwart zu einer behutsamen Entdeckung des «unbekannten Dvořák», auch wenn man von einer solchen Renaissance, wie sie nach dem Zweiten Weltkrieg Janáček zuteil wurde, nicht sprechen kann.

Es mindert nicht Dvořáks Größe, wenn er seinem Volk mehr gegeben hat – noch mehr – als der Welt. Wesentlicher erscheint, daß kein zweiter Schöpfer einer Nationalmusik (Chopin mit seinem viel engeren, aufs Klavier beschränkten Werk vielleicht ausgenommen) über die Hauptaufgabe, die Zeit und Umwelt ihm stellten, in Weltrang hinauswuchs.

# ANMERKUNGEN

1 Jarmil Burghauser: «Nejen pomníky [Nicht nur Denkmäler]. Smetana, Dvořák, Fibich». Prag 1966

2 Peter Gradenwitz: «Johann Stamitz» Bd. 1: «Das Leben». Brünn 1936

3 Zur Aussprache tschechischer Eigennamen: sämtliche Wörter, ohne jede Ausnahme, werden im Tschechischen auf der ersten Silbe betont. Die Striche über Vokalen bedeuten Länge, nicht Betonung; Häkchen geben «Erweichung» an: č ist tsch, ď ist dj, ě ist jä, ň ist nj, ř etwa rsch, š ist sch, ť ist tj. V wird wie das deutsche w ausgesprochen, z wie s in «Rose», ž wie in «Journal». Dies nur als praktischer Hinweis, nicht als komplette Phonetik. Der Name Dvořák ist übrigens in Böhmen und Mähren weit verbreitet, er bedeutet etwa Höfer (der Mann vom Bauernhof).

4 Spitz schrieb sich so, in der Matrikel ist er als Josef Špic eingetragen. Solche Diskrepanzen werden uns bei der Schilderung von Dvořáks Lebensgang noch oft begegnen. Sie sagen so gut wie nichts über die Volkszugehörigkeit aus. Das Deutsche herrschte damals im Beamtentum und überhaupt in den höheren Berufen so vor, daß auch Tschechen ihren Namen der deutschen Schreibweise anpaßten.

5 Erinnerungen des Dvořák-Schülers Josef Michl in: «Antonín Dvořák in Briefen und Erinnerungen». Hg. von Otakar Šourek. Deutsche Übersetzung von Bedřich Eben. Prag 1954. S. 19 [im folgenden wird diese vielfach zitierte Werk mit BE abgekürzt].

6 Otakar Šourek: «Život a dílo Antonína Dvořáka» [Leben und Werk Antonín Dvořáks]. 4 Bde. Prag 1957. Bd. 1, S. 22 [im folgenden wird diese grundlegende Dvořák-Monographie mit Š abgekürzt].

7 Erinnerungen von Josef Zubatý; BE S. 21.

8 Brief an Petr Mareš, Orchestermitglied des Interimstheaters, der ein Gespräch mit dem Kollegen Jan Kváča wiedergibt; BE S. 25.

9 Anna Dušek: «Nachruf auf Antonín Dvořák»; BE S. 23.

10 Přemysl Pražák: «Smetanovy zpěvohry» [Smetanas Singspiele]. Prag 1948. Bd. 1, S. 24.

11 Erst 1938 wurde die Oper in Olmütz, zum bisher ersten- und letztenmal, aus dem Manuskript aufgeführt.

12 Nach dem Zeugnis des Chormeisters jener Proben, Adolf Čech; Š Bd. 1, S. 124.

13 Š Bd. 1, S. 121.

14 Friedrich Hlaváč: «Anton Dvořák». In: «Nord und Süd» Bd. 52. Breslau 1890. S. 29.

15 Eduard Hanslick: «Concerte, Componisten und Virtuosen der letzten 15 Jahre, 1870–1885». Berlin 1886. S. 245.

16 Š Bd. 1, S. 194.

17 Eduard Hanslick: «Am Ende des Jahrhunderts». Berlin 1899. S. 135.

18 Am 4. Juni 1966 am Staatstheater in Braunschweig.

19 Erinnerungen von Marie Neff; BE S. 32.

20 Die erste, ziemlich willkürliche Übersetzung ins Deutsche stammte von Smetanas Freund Josef Srb-Debrnov. Im Rahmen der kritischen Dvořák-Gesamtausgabe wurden alle 23 Duette als Zyklus 1962 in Prag mit der neuen, originalnäheren Übersetzung von Kurt Honolka herausgegeben.

21 Dvořák an Johannes Brahms, 1877; BE S. 33.

22 Johannes Brahms an Fritz Simrock, 1877; BE S. 35.

23 Max Brod: «Leoš Janáček. Leben und Werk»; BE S. 75.

24 Josef Suk: «Aus meiner Jugend. Wiener Brahms-Erinnerungen»; BE S. 207.

25 Johannes Brahms an Dvořák, 1878; BE S. 38.

26 Dvořák an Johannes Brahms, 1879; BE S. 47.

27 So der deutsche Kritiker Louis Ehlert, dessen begeisterte Rezension in der «Berliner National-zeitung» den Triumphzug der Slawischen Tänze einleitete.

28 Š Bd. 1, S. 118.

29 Brief an Fritz Simrock, 1888; Š Bd. 1, S. 148.

30 Wiederholte Sendungen der deutschsprachigen Hamburger Aufnahme in Prag, England, Holland, Kanada, Neuseeland, Österreich und der Schweiz.

31 Eine glänzende Aufführung (Dirigent: Albert Bittner, Regie: Günther Rennert) mit Ratko Delorko als Dimitrij, Helga Pilarczyk als Marina, Anny Schlemm als Xenia trug wesentlich zum eindeutigen, vielbeachteten Erfolg bei. Der Kritiker der «Welt» rühmte «so viel starke, inspirierte Musik, daß sich die Bekanntschaft in jedem Fall lohnt», im Düsseldorfer «Mittag» hieß es: «Es scheint uns heute seltsam, daß unsere Opernbühnen sich dieses Werk so lange entgehen ließen, denn der *Dimitrij* ist die wirkungsvollste, schönste und dankbarste aller Dvořák-Opern.» Der Berliner «Tagesspiegel» schrieb: «Für das Schicksal, das Antonín Dvořáks Oper *Dimitrij* erlitt – nämlich in Vergessenheit zu geraten –, gibt es keinen einleuchtenden Grund. Das Werk strotzt von musikalischer Erfindung: mitreißend, schwungvoll strömt die Melodie in einem Atemzug, erscheint zusammengerafft zu dramatischer Zwiesprache und dann wieder geweitet zur oratorischen Freske.» Die Londoner «Times» schrieb von einem «Fest der Melodie» und stellte eine «höchst enthusiastische Aufnahme» beim Publikum fest. Vier Jahre hindurch blieb *Dimitrij* im Repertoire der Hamburger Staatsoper; dennoch brachte dieser außerordentliche Erfolg einer bis dahin im Ausland unbekannten Oper, mit Ausnahme einer Einstudierung in Graz, noch keine wirkliche Renaissance.

32 Siehe zum Beispiel seinen Brief an Dr. Karel Pippich in: «Přátelům doma» [An die Freunde zu Hause]. Prag–Brünn 1941. S. 34

33 Libuše Bráfová: «Rieger, Smetana, Dvořák». Prag 1913. S. 111.

34 Dvořák an Fritz Simrock, 1885; BE S. 99.

35 Dvořák an Fritz Simrock, 1883; BE S. 75.

36 Š Bd. 2, S. 258.

37 Dvořák an seinen Vater, 1884. In: «Přátelům doma», a. a. O., S. 57.

38 Dvořák an Karel Bendl, 1884. Ebd., S. 56.

39 Dvořák an seinen Vater, 1884. Ebd., S. 57.

40 Dvořák an Fritz Simrock, 1885. In: «Simrock-Jahrbuch» II, S. 108.

41 Dvořák an Fritz Simrock, 1885. Ebd., S. 109.

42 Dvořák an Alois Göbl, 1884. In: «Přátelům doma», a. a. O., S. 270.

43 Dvořák an Bohumil Fidler, 1886. Ebd., S. 88.

44 Dvořák an Alois Göbl, 1889; Š Bd. 2, S. 325.

45 Dvořák an Fritz Simrock, 1890; BE S. 140.

46 Dvořák an Alois Göbl, 1888; BE S. 125.

47 Auf deutsch wurde *Der Jakobiner* erst 1931 am Stadttheater im nordböhmischen Teplitz gespielt. Der Dirigent Karl Elmendorff führte die Oper danach wiederholt in Deutschland auf und setzte sich unermüdlich für sie ein. Nach dem Zweiten Weltkrieg wurde sie in der neuen Übersetzung von Kurt Honolka 1960 bei den Städtischen Bühnen in Wuppertal gespielt.

48 Dvořák an Gustav Eim, 1890; Š Bd. 2, S. 350.

49 Š Bd. 2, S. 326

50 Aus den Erinnerungen des Musikkritikers Ladislav Dolanský; BE S. 134.

51 Aus den Erinnerungen von Josef Michl; BE S. 149.

52 Josef Suk: «Einige Erinnerungen»; BE S. 149.

53 Ladislav Dolanský: «Aus Dvořáks Schule»; BE S. 151.

54 Nach dem Zeugnis von Josef Michl; Š Bd. 3, S. 22.

55 Dvořák an Josef Hlávka, 1892; Š Bd. 3, S. 95.

56 Josef Michl: «Z Dvořákova vyprávění» [Aus Dvořáks Erzählungen]. In: «Hudební Revue» (Prag) 1914, S. 403.

57 Š Bd. 3, S. 99.

58 Edward Alexander MacDowell in einem Brief, 1897; Š Bd. 3, S. 125.

59 Š Bd. 3, S. 109.

60 Dvořák an Fritz Simrock, 1893; BE S. 188.

61 Š Bd. 3, S. 191.

62 Dvořák im «New York Herald» vom 12. Dezember 1893.

63 Michl, «Z Dvořákova vyprávění»; BE S. 184.

64 Š Bd. 3, S. 249.

65 Dvořák an Alois Göbl, 1895; Š Bd. 3, S. 249.

66 Aus den Erinnerungen Josef Kovaříks; BE S. 202.

67 Dvořák an Alois Göbl, 1895. In: «Přátelům doma», a. a. O., S. 207.
68 Dvořák an Hans Richter, 1896; BE S. 214.
69 Karel Weis: «Dvořákovské nápady» [Dvořákische Einfälle]. In: «Národní listy» (Prag) vom 1. Mai 1929.
70 Š Bd. 3, S. 283 f.
71 Gustav Mahler an Dvořák, 1898; BE S. 225.
72 Erst 1901 wurde die Tschechische Philharmonie ein selbständiges Konzertorchester. Von Anfang an war sie innig mit Dvořáks Musik verbunden.
73 Josef Suk: «Aus meiner Jugend»; BE S. 207.
74 Interview mit Dvořák in der Zeitschrift «Die Reichswehr» vom 1. März 1904; BE S. 241.
75 Ludwig Speidel im Wiener «Fremdenblatt»; Š Bd. 4, S. 41.
76 Erst 1909 kam *Čert a Káča* als *Die Teufelskäthe* in Bremen auf eine deutsche Bühne, dann erst wieder nach dem Ersten Weltkrieg. Eine Bearbeitung versuchte Walter Felsenstein an der Komischen Oper in Ost-Berlin durchzusetzen. Im Rahmen der kritischen Dvořák-Gesamtausgabe liegt seit 1971 eine originalnahe Übersetzung von Kurt Honolka vor.
77 BE S. 229.
78 Dvořák an Alois Göbl, 1900. In: «Přátelům doma», a. a. O., S. 227.
79 Š Bd. 4, S. 128.
80 Š Bd. 4, S. 151.
81 Josef Penížek: «Antonín Dvořák als Politiker»; BE S. 232.
82 Š Bd. 4, S. 185.
83 Dvořák an Emil Kozánek, 1902; BE S. 237.
84 *Armida* blieb selbst auf tschechischen Bühnen ein Fremdling und wurde erst 1928 am Prager Nationaltheater neu einstudiert. Im Ausland gelangte Dvořáks letzte Oper erst 1961 auf die Bühne, als sie in Bremen in der straffenden Bearbeitung von Kurt Honolka aufgeführt wurde. Die später weltberühmte Sopranistin Montserrat Caballé sang dort die Titelrolle.
85 Aus den Erinnerungen des Klaviervirtuosen Josef Faměra; BE S. 238.
86 «Franz Schubert. By Antonín Dvořák. In co-operation with Henry T. Finck». In: «The Century Illustrated Monthly Magazine» (New York) 1894.
87 Antonín Sychra: «Estetika Dvořákovy symfonické tvorby» [Ästhetik von Dvořáks symphonischem Schaffen]. Prag 1959. S. 505.
88 Jiří Berkovec: «Antonín Dvořák». Prag–Bratislava 1969. S. 279.
89 Richard Batka: «Die Musik in Böhmen». Berlin 1906. S. 76.
90 Sychra, a. a. O., S. 496.
91 Ebd., S. 25.
92 Reinhard Gerlach: «Dvořáks Einfluß auf den jungen Schönberg». In: «Hudební rozhledy» (Prag) 1972. S. 84.

# ZEITTAFEL

| | |
|---|---|
| 1841 | 8. September: In Nelahozeves [Mühlhausen] geboren |
| 1847 | Eintritt in die Volksschule, erster Musikunterricht beim Lehrer Joseph Spitz |
| 1853 | Metzgerlehrling bei seinem Vater |
| 1854 | In Zlonice weitere Ausbildung als Metzger, Abschluß mit Gesellenprüfung. Besuch der deutschen Fortbildungsschule, entscheidende musikalische Ausbildung durch Anton Liehmann |
| 1856 | Zum Deutschlernen an die Bürgerschule in Böhmisch-Kamnitz, Musikunterricht durch Franz Hanke |
| 1857 | Nach Prag an die Orgelschule in der Konviktsgasse; daneben Besuch der deutschen Fortbildungsschule des Franziskanerklosters zu Maria Schnee |
| 1858 | In zwei von Liszt dirigierten Konzerten als Bratscher im Orchester |
| 1859 | Absolvierung der Orgelschule als geprüfter Organist, Eintritt in die Unterhaltungskapelle Komzák als Bratscher |
| 1861 | Komposition des op. 1, des *Streichquintetts in a-moll*. Viele kleinere Kompositionen waren vorangegangen |
| 1862 | Eintritt ins Orchester des Interimstheaters als Bratscher. Das erste *Streichquartett in A-Dur* komponiert |
| 1863 | Spielt unter Richard Wagners Leitung in einem Konzert mit |
| 1865 | Erste *Symphonie in c-moll* |
| 1866 | In der Uraufführung von Smetanas «Verkaufter Braut» spielt Dvořák als Bratscher mit |
| 1870 | Komposition der ersten Oper *Alfred* |
| 1871 | Komposition der Oper *Der König und der Köhler*. Austritt aus dem Theaterorchester. Privatunterricht sichert den Lebensunterhalt. Erste öffentliche Aufführung einer Dvořák-Komposition (das Lied *Gedenken*) |
| 1873 | Erster durchschlagender Erfolg als Komponist mit der Kantate *Hymnus* 17. November: Hochzeit mit Anna Čermáková |
| 1874 | Dvořák wird Organist an der St. Adalberts-Kirche. Im Interimstheater wird die erste Dvořák-Oper, die neukomponierte zweite Fassung von *Der König und der Köhler*, aufgeführt. Eine weitere Oper, *Die Dickschädel*, wird vollendet |
| 1875 | Dvořák erhält zum erstenmal das Vierhundert-Gulden-Stipendium des Wiener Kultusministeriums. *F-Dur-Symphonie* komponiert, viel Kammermusik. Erste Tochter Josefa stirbt bald nach der Geburt |
| 1876 | Uraufführung der Oper *Wanda*. Hauptteil der *Klänge aus Mähren*, *Klavierkonzert in g-moll* komponiert |
| 1877 | Oper *Der Bauer ein Schelm*, symphonische Variationen, *Stabat mater*, *Streichquartett in d-moll* komponiert. Brahms macht den Verleger Simrock auf Dvořák aufmerksam. Schicksalsschläge: Töchterchen Růžena und Söhnchen Otakar sterben kurz nacheinander |
| 1878 | Erfolg der Uraufführung von *Der Bauer ein Schelm*. Erster Kontakt mit Brahms, Komposition der ersten Reihe *Slawischer Tänze* für Simrock. Tochter Otilie geboren. Dritte *Slawische Rhapsodie* komponiert |
| 1879 | Brahms zu Besuch in Prag. Drei *Slawische Tänze* in London, dritte *Slawische Rhapsodie* in Berlin und Wien erfolgreich. Komposition am *Violinkonzert* |
| 1880 | Tochter Anna geboren. Reise nach Westdeutschland. Komposition der *D-Dur-Symphonie* |
| 1881 | Tochter Magdalena geboren. Uraufführung der Oper *Die Dickschädel* in Prag |
| 1882 | *Dimitrij* im Neuen tschechischen Theater uraufgeführt. *Der Bauer ein Schelm* in der Dresdner Hofoper |
| 1883 | Sohn Antonín geboren. *Violinkonzert* mit František Ondříček in Prag uraufgeführt, bald darauf in Wien |
| 1884 | Erste Reise als Dirigent eigener Werke nach England. *Stabat mater* begeistert London. Von den Erlösen Ankauf eines Landhauses in Vysoká (Südböhmen). Im November |

Dirigent beim Musikfest in Worcester, dann in Berlin

1885    Sohn Otakar geboren. In London *d-moll-Symphonie* uraufgeführt, in Birmingham
Kantate *Die Geisterbraut*. *Der Bauer ein Schelm* in der Wiener Hofoper. Antitschechi-
sche Demonstrationen

1886    Oratorium *Die heilige Ludmila* vollendet, in Leeds auf englisch uraufgeführt

1888    Begegnungen mit Tschaikowsky in Prag. Tochter Aloisie geboren

1889    Erfolgreiche Premiere der Oper *Der Jakobiner* am Prager Nationaltheater. In Wien
Audienz beim Kaiser, Wiedersehen mit Brahms

1890    *G-Dur-Symphonie* uraufgeführt. Dirigentenreise nach Moskau und St. Petersburg,
danach wieder nach London. *Requiem* vollendet

1891    Antritt als Kompositionslehrer am Prager Konservatorium. Ehrendoktorat der tschechischen Prager Universität und der Universität Cambridge. Dvořák dirigiert dort
*Stabat mater* und *G-Dur-Symphonie*, in Birmingham dann das *Requiem*

1892    Abschiedstournee durch Böhmen vor der Abreise (im September) nach New York.
Dort bis zum Frühjahr 1895 Direktor des National Conservatory. Im Oktober erstes
Konzert in New York, im November *D-Dur-Symphonie*, in Boston *Requiem*. Überall
begeisterte Aufnahme

1893    *Symphonie in e-moll* (*Aus der Neuen Welt*) vollendet. Sommeraufenthalt in Spillville,
Iowa. Dort *Streichquartett in F-Dur* und *Streichquintett in Es-Dur* komponiert. Diri-
gentengastspiel bei der Weltausstellung in Chicago. Triumphale Uraufführung der
*Symphonie in e-moll* in New York

1894    *Biblische Lieder* in New York komponiert. Urlaub in Böhmen. In New York *Cellokonzert* begonnen

1895    Im April vorzeitige. Rückreise nach Prag, ab November wieder im Prager Konservatorium. Die letzten *Streichquartette G-Dur* und *As-Dur* komponiert

1896    *Cellokonzert* in London unter Dvořáks Leitung uraufgeführt, danach in vielen Län-
dern. Symphonische Dichtungen *Der Wassermann*, *Die Mittagshexe*, *Das goldene
Spinnrad*, *Die Waldtaube* komponiert

1897    Besuch des schwerkranken Freundes Brahms in Wien, wenige Wochen später bei
dessen Begräbnis

1898    Arbeit an Oper *Der Teufel und Käthe*. Silberne Hochzeit, Heirat der Tochter Otilie mit
Josef Suk

1899    Uraufführung von *Der Teufel und Käthe* am Prager Nationaltheater

1900    Komposition der Oper *Rusalka*

1901    Glänzender Uraufführungserfolg am Prager Nationaltheater. Vereidigung Dvořáks als
ernanntes Mitglied des Herrenhauses (Oberhaus des Parlaments) in Wien. Wahl zum
Direktor des Prager Konservatoriums. Feiern und Festkonzerte zu seinem 60. Geburtstag. Dvořák-Zyklus im Nationaltheater

1902–1903  Arbeit an der letzten Oper *Armida*

1904    Uraufführung nur Achtungserfolg. Bald danach erkrankt Dvořák. Er stirbt am 1. Mai
in seiner Prager Wohnung an Gehirnschlag. Am 5. Mai Begräbnis, unter Beteiligung
Tausender, auf dem Vyšehrad-Friedhof

# ZEUGNISSE

## JOHANNES BRAHMS

Der Kerl hat mehr Ideen als wir alle. Aus seinen Abfällen könnte sich jeder andere die Hauptthemen zusammenklauben.

## BEDŘICH SMETANA

In einem so mächtigen Kopf muß etwas stecken! Und ich bin im Interesse der weiteren Entwicklung unserer Musik froh, einen so ausgezeichneten Konkurrenten zu haben ... Ein jeder sollte nach seinen besten Kräften schaffen und die Arbeit seines Kollegen genauso hochschätzen, wie er selbst von den anderen geschätzt werden will – nur auf diese Weise werden wir unsere Kunst fördern und emporheben.

## GEORGE BERNARD SHAW

Die Symphonie [die *Achte Symphonie in G-Dur*] erreicht fast das Niveau von Rossinis Ouvertüre und wäre eine vorzügliche Promenademusik für sommerliche ländliche Feste.

## LEOŠ JANÁČEK

Ich bin überzeugt, daß wir in Antonín Dvořák den einzigen tschechischen nationalen Komponisten besitzen.
     ... Ich bin überzeugt, daß die Partituren des H. Dvořák kontrapunktische Meisterwerke sind. Er begnügt sich in der Regel nicht mit dem klaren, interessanten harmonischen Fundament mit einem Motiv: es treten hier gleichzeitig zwei, drei bis fünf markante Motive auf ... Dvořáks Partituren können dem Musiker ans Herz wachsen. Und was das Wichtigste ist: Dvořák führt eine solche Figur in einer Stimme nicht bis zum Überdruß durch; kaum hast du sie kennengelernt, schon winkt dir freundlich die zweite. Du bist in einer ständigen angenehmen Erregung ...
     Kennen Sie das, wenn jemand Ihnen das Wort vom Munde nimmt, früher, als Sie es ausgesprochen haben? So ging es mir immer in Dvořáks Gesellschaft. Ich kann die Person mit dem Werk austauschen. So nahm er mir seine Melodien aus dem Herzen.

## Zdeněk Nejedlý

Wenn ich meine Meinung über Dvořák sagen sollte, könnte ich heute [1913] nicht mehr als dies sagen, daß mich Dvořák nicht interessiert. Für mich ist das ein abgetanes totes Kapitel der tschechischen Musik, wo für einen forschenden und schöpferischen Geist nicht viel zu machen ist. Für mich ist Dvořák etwa soviel wie Mendelssohn für die deutsche Musik, allerdings in verkleinerter tschechischer Ausgabe . . . Es ist das ein Felsbrocken, den ein junger tschechischer Musiker aus dem Weg räumen muß, damit er weiterkommen kann.

## Václav Talich

Er beherrscht vollkommen die handwerkliche Technik seiner Zeit, er geht sogar darüber hinaus (soweit ich dabei an Brahms denke), aber er ergänzt sie durch den Geist seines Vaterlandes, und das hat nach meiner Meinung Antonín Dvořák weltläufig gemacht.

## Jean Sibelius

Nur selten ist bei einem Künstler sein äußerer Ausdruck in so vollkommener Harmonie mit seiner Kunst wie bei diesem großen tschechischen Künstler, bei dem die rein menschliche und die künstlerische Seite in seinen Werken ein harmonisches Ganzes bilden, an das ich niemals vergesse.

## Bohuslav Martinů

Dvořák war einer von denen, die mir den für einen Künstler und Komponisten notwendigen Weg zeigten. Vielleicht darum, weil er so aufrichtig sein Volk und sein Tschechentum ausdrückte und weil in dieser Beziehung etwas war, was ich selbst ausdrücken wollte. Die Persönlichkeit Dvořáks ist für mich durch eine gewisse kostbare Liebenswürdigkeit, Menschlichkeit und Gesundheit bedeckt. Wenn jemand ein gesundes und freudiges Verhältnis zum Leben ausdrückte, dann er . . . Die Musik soll immer freudig sein, auch wenn sie tragisch ist. Ein glücklicher Mensch, der ein solches Erbe hinterläßt.

# WERKVERZEICHNIS

Die Opus-Numerierung der Werke von Antonín Dvořák ist unvollständig. Von etwa 150 Kompositionen tragen nur 115 Opus-Zahlen; sie sind, infolge der zeitgenössischen Verlegerpraxis, irreführend. Deshalb ist die Numerierung nach dem neuen, allgemein anerkannten «Thematischen Verzeichnis» von Jarmil Burghauser (s. Bibliographie) beigefügt (Sigle: B). Die Jahreszahlen geben die Entstehungszeit der Werke an, die letzte die der Uraufführung (Sigle: U).

## 1. Vokalwerke

### a) Opern

Alfred. B 16. Text: Theodor Körner. 1870; U 1938
König und Köhler (Král a uhlíř). B 21. Text: Bernard J. Lobeský (= B. Guldener). 1871; U 1929
König und Köhler (Král a uhlíř). op. 14 – B 21. Text: B. Guldener und J. Novotný. 1874, 1881, 1887; U 1874
Die Dickschädel (Tvrdé palice). op. 17 – B 46. Text: Josef Štolba. 1874; U 1881
Wanda (Vanda). op. 25 – B 46. Text: Václav Beneš Šumavský. 1875; U 1876
Der Bauer ein Schelm (Šelma sedlák). op. 37 – B 67. Text: Josef Otakar Veselý. 1877; U 1878
Dimitrij. op. 64 – B 127, 186. Text: Marie Červinková-Riegrová. 1881–1882, Umarbeitung 1894; U 1882
Der Jakobiner (Jakobín). op. 84 – B 27, 102, 135. Text: Marie Červinková-Riegrová. 1887–1888, Umarbeitung 1897; U 1889
Die Teufelskäthe (Čert a Káča). op. 112 – B 201. Text: Adolf Wenig. 1898–1899; U 1899
Rusalka. op. 114 – B 203. Text: Jaroslav Kvapil. 1900; U 1901
Armida. op. 115 – B 206. Text: Jaroslav Vrchlický. 1902–1903; U 1904

### b) Schauspielmusik

Josef Kajetán Tyl. op. 62 – B 125. Text: F. F. Šamberk. 1881–1882; U 1882

### c) Oratorien, Kantaten, Messen

Hymnus «Die Erben des Weißen Berges» (Hymnus «Dědicové Bílé hory»). op. 30 – B 27, 102, 135. Text: Vítězslav Hálek. 1872, Umarbeitungen 1880, 1885; U 1873
Stabat mater. op. 58 – B 71. Text: Iacopone da Todi. 1876–1877; U 1880
Der 149. Psalm (Žalm 149). op. 49 – B 91, 154. Biblischer Text. 1879, Umarbeitung 1887; U 1879
Die Geisterbraut (Svatební košile). op. 69 – B 135. Text: Karel Jaromír Erben. 1884; U 1885
Die heilige Ludmila (Svatá Ludmila). op. 71 – B 144. Text: Jaroslav Vrchlický. 1885–1886; U 1886
Messe in D-Dur (Mše D dur). op. 86 – B 135, 175. Liturgischer Text. 1887, Orchesterversion 1892; U 1887
Requiem. op. 89 – B 165. Liturgischer Text. 1890; U 1891
Te Deum. op. 103 – B 176. 1892; U 1895
Die amerikanische Flagge (The American Flag). op. 102 – B 177. 1892–1893; U 1895
Festlied (Slavostní zpěv). op. 113 – B 202. Text: Jaroslav Vrchlický. 1900; U 1900

### d) Lieder für eine Singstimme und Klavier

Zypressen (Cypřiše). 18 Klavierlieder. B 11. Text: Gustav Pfleger-Moravský. 1865
Zwei Lieder für Bariton. B 13. Text: Adolf Heyduk. 1865
Lieder nach Texten von Eliška Krásnohorská. 5 Lieder. B 23. 1871
Das Waisenkind. Rosmarin (Sirotek. Rozmarýna). Zwei Balladen nach Texten von Karel Jaromír Erben. B 24. 1871
Vier Lieder nach serbischen Volksdichtungen. op. 6 – B 28. 1872
Lieder aus der Königinhofer Handschrift. 6 Lieder. op. 7 – B 30. 1872

Abendlieder (Večerní písně). 12 Lieder. op. 3, 9, 31 – B 61. Text: Vítězslav Hálek. 1876–1881
Drei neugriechische Gedichte (Übersetzung: V. B. Nebeský). op. 50 – B 84. 1878
Zigeunermelodien (Cigánské melodie). Sieben Lieder nach Worten von Adolf Heyduk. op. 55 – B 104. 1880
Vier Lieder nach Texten von Gustav Pfleger-Moravský. op. 2 – B 124. 1882
Zwei Lieder nach Volkspoesie. B 142. 1885
Im Volkston (V národním tónu). 4 Lieder. op. 73 – B 146. 1886
Vier Lieder nach Texten von Ottilie Malybrock-Stieler. op. 82 – B 157. 1887–1888
Liebeslieder (Písně milostné). Acht Lieder nach Texten von Gustav Pfleger-Moravský. op. 83 – B 160. 1888
Biblische Lieder (Biblické písně). Zehn Lieder nach dem Alten Testament. op. 99 – B 185. 1894
Wiegenlied (Ukolébavka). B 194. Text: F. L. Jelinka. 1895
Frisch vom Herd (Srší jiskry srší). B 204. Text: Svatopluk Čech. 1901

e) Lieder für eine Stimme mit Orgel

Ave Maria. op. 19 b – B 68. 1877
Hymnus zur Allerheiligsten Dreifaltigkeit. B 82. 1878
Ave Maris Stella. op. 19 b – B 95. 1879

f) Duette

Klänge aus Mähren (Moravské dvojzpěvy) für Sopran und Tenor mit Klavierbegleitung. 4 Duette auf Volkspoesie. op. 20 – B 50. 1875
Klänge aus Mähren (Moravské dvojzpěvy) für Sopran, Alt und Klavier. 13 Duette auf Volkspoesie. op. 29, 32 – B 60, 62. 1876
Klänge aus Mähren (Moravské dvojzpěvy) für Sopran, Alt und Klavier. 4 Duette nach Volkspoesie. op. 38 – B 69. 1877
[Gesamtausgabe aller Duette: B 50, 60, 62, 69, 118]
O Sanctissima für Alt, Bariton und Orgel. B 95 a. 1879
Kinderlied (Dětská píseň) für zwei Stimmen ohne Begleitung. B 113. Text: Štěpan Bačkora. 1880
Dort auf unserem Dache (Na tej našej střeše) für Sopran, Alt und Klavier. B 118. Volkspoesie. 1881

g) Männerchöre

Chorlieder für Männerstimmen. Drei Lieder auf Volkspoesie und Text von Adolf Heyduk. B 66. 1877
Tschechischer Liederstrauß (Kytice z českých národních písní). Vier Chöre nach Volkspoesie. op. 41 – B 72. 1877
Tschechenlied (Píseň Čecha). B 73. Text: Fr. Jaroslav Vacek-Kamenický. 1877
Aus dem slawischen Liederstrauß (Z Kytice národních písní slovanských). 3 Chöre. op. 43 – B 76. 1877–1878
Fünf Chöre nach Texten litauischer Volkslieder. op. 27 – B 87. 1878

h) Frauenchöre

Klänge aus Mähren (Moravské dvojzpěvy) für vier Frauenstimmen ohne Begleitung. 5 Chöre. B 107. 1880

i) Gemischte Chöre

Vier Chöre. op. 29 – B 59. Texte: Adolf Heyduk und Volkspoesie. 1876
In der Natur (V přírodě). 5 Chöre. op. 63 – B 126. Text: Vítězslav Hálek. 1882
Hymne der tschechischen Landleute (Hymna českého rolnictva). Mit Orchester. op. 28 – B 143. Text: Karel Pippich. 1885

## 2. Orchesterwerke

### a) Symphonien

1. Symphonie in c-moll (Die Zlonitzer Glocken [Zlonické zvony]). B 9. 1865; U 1936
2. Symphonie in B-Dur. op. 4 – B 12. 1865; U 1888
3. Symphonie in Es-Dur. op. 10 – B 34. 1873; U 1874
4. Symphonie in d-moll. op. 13 – B 41. 1874; U 1892
5. Symphonie in F-Dur. op. 76 – B 54. 1875; U 1879
6. Symphonie in D-Dur. op. 60 – B 112. 1880; U 1881
7. Symphonie in d-moll. op. 70 – B 141. 1884–1885; U 1885
8. Symphonie in G-Dur. op. 88 – B 165. 1889; U 1890
9. Symphonie in e-moll «Aus der Neuen Welt» («Z Nového světa»). op. 95 – B 178. 1893; U 1893

### b) Symphonische Dichtungen, Rhapsodien

Rhapsodie in a-moll. op. 15 – B 44. 1874; U 1894
Slawische Rhapsodien (Slovanské rapsodie) in D-Dur, g-moll, As-Dur. op. 45 – B 86. 1878. U D-Dur und g-moll 1878, As-Dur 1879
Der Wassermann (Vodník). Symphonische Dichtung nach der Ballade von Karel Jaromír Erben. op. 109 – B 195. 1896; U 1896
Die Mittagshexe (Polednice). Symphonische Dichtung nach der Ballade von Karel Jaromír Erben. op. 108 – B 196. 1896; U 1896
Das goldene Spinnrad (Zlatý kolovrat). Symphonische Dichtung nach der Ballade von Karel Jaromír Erben. op. 109 – B 197. 1896; U 1896
Die Waldtaube (Holoubek). Symphonische Dichtung nach der Ballade von Karel Jaromír Erben. op. 110 – B 198. 1896; U 1898
Heldenlied (Píseň bohatýrská). Symphonische Dichtung. op. 111 – B 199. 1897; U 1898

### c) Konzerte und Konzertstücke

Romanze in f-moll für Violine und Orchester. op. 11 – B 39. 1877
Konzert in g-moll für Klavier und Orchester. op. 33 – B 63. 76; U 1878
Mazurek in e-moll für Violine und Orchester. op. 49 – B 90. 1879
Konzert in a-moll für Violine und Orchester. op. 53 – B 96. 1879–1880, Umarbeitung 1882; U 1883
Rondo in g-moll für Violoncello und Orchester. op. 94 – B 181. 1893
Waldesruhe (Klid) für Violoncello und Orchester. op. 68 Nr. 5 – B 182. 1893
Konzert in h-moll für Violoncello und Orchester. op. 104 – B 191. 1894–1895; U 1896

### d) Serenaden, Suiten

Serenade in E-Dur für Streichorchester. op. 22 – B 52. 1875; U 1876
Serenade in d-moll für Blasinstrumente, Violoncello und Kontrabaß. op. 44 – B 77. 1878; U 1878
Tschechische Suite in D-Dur (Česká suita) für kleines Orchester. op. 39 – B 93. 1879; U 1879
Suite in A-Dur. op. 98 – B 190. 1895; U 1910

### e) Ouvertüren

Tragische [auch: Dramatische] Ouvertüre (ursprünglich Vorspiel zur Oper «Alfred»). B 16. 1870
Wanda-Ouvertüre. op. 25 – B 97. 1879
Dimitrij-Ouvertüre. B 127 a. 1882
Mein Heim (Domov můj). Ouvertüre zu «Josef Kajetán Tyl». op. 62 – B 125 a. 1882
Hussitische Ouvertüre [auch: Hussitenlied] (Husitská). op. 67 – B 132. 1883
Dramatische Ouvertüre. op. 67 – B 132. 1883; U 1884
In der Natur (V přírodě). Konzertouvertüre. op. 91 – B 168. 1891; U 1892

Karneval. Konzertouvertüre. op. 92 – B 169. 1891; U 1892
Othello. Konzertouvertüre. op. 93 – B 174. 1891–1892; U 1892

### f) Tänze und Märsche

Slawische Tänze (Slovanské tance). Erste Serie: C-Dur, e-moll, As-Dur, F-Dur, A-Dur, D-Dur, c-moll, g-moll. op. 46 – B 83. 1878; U 1878
Festmarsch (Slavnostní pochod). B 88. 1879
Prager Walzer (Pražské valčíky). B 99. 1879
Polonäse Es-Dur. B 100. 1879
Polka «Den Prager Akademikern» («Pražským akademikům»). B 114. 1880
Slawische Tänze (Slovanské tance). Zweite Serie: H-Dur, e-moll, F-Dur, Des-Dur, b-moll, B-Dur, C-Dur, As-Dur. op. 72 – B 147. 1886–1887; U 1887

### g) Verschiedene Orchesterwerke

Zwischenaktsmusik (Meziaktní skladby) für kleines Orchester. B 15. 1867
Nocturno H-Dur für Streichorchester. op. 40 – B 47. 1872; U 1883
Legenden d-moll, G-Dur, g-moll, C-Dur, As-Dur, cis-moll, A-Dur, F-Dur, D-Dur, b-moll. op. 59 – B 122. 1881
Symphonische Variationen. op. 78 – B 70. 1877; U 1877
Scherzo capriccioso. op. 66 – B 131. 1883; U 1884

### 3. Kammermusik

#### a) Sextett

Streichsextett A-Dur. op. 48 – B 80. 1878; U 1879

#### b) Quintette

Streichquintett a-moll. op. 1 – B 7. 1861; U 1921
Klavierquintett A-Dur. op. 5 – B 28. 1872; U 1872
Streichquintett G-Dur (mit Kontrabaß). op. 77 – B 49. 1875; U 1876
Klavierquintett A-Dur. op. 81 – B 155. 1887; U 1888
Streichquintett Es-Dur. op. 97 – B 180. 1893; U 1894

#### c) Quartette

Streichquartett A-Dur. op. 2 – B 8. 1862; U 1888
Streichquartett B-Dur. B 17. 1869 [?]
Streichquartett D-Dur. B 18. 1870 [?]
Streichquartett c-moll. B 19. 1870 [?]
Streichquartett f-moll. B 37. 1873; U 1930
Streichquartett a-moll. op. 12 – B 40. 1873
Streichquartett a-moll. op. 16 – B 45. 1874; U 1875
Streichquartett E-Dur. op. 80 – B 57. 1876; U 1890
Streichquartett d-moll. op. 34 – B 75. 1877; U 1882
Streichquartett Es-Dur. op. 51 – B 92. 1878–1879; U 1879
Streichquartett C-Dur. op. 61 – B 121. 1881; U 1882
Streichquartett F-Dur. op. 96 – B 179. 1893; U 1894
Streichquartett G-Dur. op. 106 – B 192. 1895; U 1896
Streichquartett As-Dur. op. 105 – B 195. 1895; U 1897
Zypressen (12 Nummern). B 152. 1887

Klavierquartett D-Dur. op. 23 – B 53. 1875 ; U 1880
Klavierquartett Es-Dur. op. 87 – B 162. 1889 ; U 1890
Bagatellen (Maličkosti) für zwei Violinen, Violoncello und Harmonium. op. 47 – B 79. 1878 ; U 1879

### d) Trios

Klaviertrio B-Dur. op. 21 – B 51. 1875 ; U 1877
Klaviertrio g-moll. op. 26 – B 56. 1876 ; U 1879
Klaviertrio f-moll. op. 65 – B 130. 1883 ; U 1883
Terzett C-Dur für zwei Violinen und Violoncello. op. 74 – B 148. 1887 ; U 1887
Bagatellen (Drobnosti) für zwei Violinen und Violoncello. op. 75 a – B 149. 1887 ; U 1938
Gavotte für drei Violinen. B 164. 1890
Dumky. Trio für Klavier, Violine und Violoncello. op. 90 – B 166. 1890–1891 ; U 1891

### e) Violine und Klavier

Romanze f-moll. op. 11 – B 38. 1873–1877
Nocturno H-Dur. op. 40 – B 48. 1875–1883
Capriccio. B 81. 1878
Mazurek. op. 49 – B 89. 1879
Sonate F-Dur. op. 57 – B 106. 1880
Ballade d-moll. op. 15 Nr. 1 – B 139. 1884
Romantische Stücke (Romantické kusy). 4 Stücke. op. 75 – B 150. 1887 ; U 1887
Sonatine G-Dur. op. 100 – B 183. 1893

### f) Violoncello und Klavier

Konzert A-Dur. B 10. 1865
Polonäse A-Dur. B 94. 1879 ; U 1879
Rondo g-moll. op. 94 – B 171. 1891 ; U 1892
Waldesruhe (Klid). op. 68 Nr. 5 – B 173. 1891

### g) Klavier zu zwei Händen

Zwei Menuette. op. 28 – B 58. 1876
Dumka. op. 35 – B 64. 1876
Tema con variazioni. op. 36 – B 65. 1876
Schottische Tänze (Škotské tance). op. 41 – B 74. 1877
Furiante D-Dur, F-Dur. op. 42 – B 85. 1878
Silhouetten. 12 Stücke. op. 8 – B 88. 1879
Walzer A-Dur, a-moll, E-Dur, Des-Dur, B-Dur, F-Dur, d-moll, Es-Dur. op. 54 – B 101. 1880
Eklogen F-Dur, D-Dur, G-Dur, E-Dur. op. 56 – B 105. 1880
Albumblätter (Lístky do památníku) 1–4. B 109. 1880
Klavierstücke (Impromptu, Intermezzo, Gigue, Eclogue, Allegro molto, Tempo di marcia). op. 52 – B 110. 1880
Mazurka As-Dur, C-Dur, B-Dur, d-moll, F-Dur, h-moll. op. 56 – B 111. 1880
Impromptu d-moll. B 129. 1883
Dumka und Furiant. op. 12 – B 136, 137. 1884
Humoreske Fis-Dur. B 138. 1884
Zwei Perlen (Dvě perličky). Zum Reigen ; Großvater tanzt mit Großmutter. B 156. 1887
Poetische Stimmungsbilder (Poetické nálady). Nächtlicher Weg ; Tändelei ; Auf der Alten Burg ; Frühlingslied ; Bauernballade ; Klagendes Gedenken ; Furiant ; Koboldstanz ; Serenade ; Bacchanale ; Plauderei ; Am Heldengrab ; Am heiligen Berg. op. 85 – B 161. 1889
Suite A-Dur. op. 98 – B 185. 1894

147

Humoresken e-moll, H-Dur, As-Dur, F-Dur, a-moll, H-Dur, Ges-Dur, b-moll. op. 101 – B 187.
  1894
Berceuse und Capriccio. B 188. 1894

### g) Klavier zu vier Händen

Slawische Tänze (Slovanské tance). Erste Serie (s. 2. f)). op. 46 – B 78. 1878
Legenden (s. 2. g)). op. 59 – B 117. 1880–1881
Aus dem Böhmerwald (Ze Šumavy). 6 Charakterstücke (In den Spinnstuben; Am Schwarzen See;
  Walpurgisnacht; Auf dem Anstand; Waldesruhe; Aus stürmischen Zeiten). op. 68 – B 133. 1884
Slawische Tänze (Slovanské tance). Zweite Serie (s. 2. f)). op. 72 – B 145. 1886

# BIBLIOGRAPHIE

Naturgemäß ist die meiste Literatur über Antonín Dvořák in tschechischer Sprache erschienen; so auch die grundlegende Monographie von Otokar Šourek: Život a dílo Antonína Dvořáka [Das Leben und Werk Antonín Dvořáks]. 4 Bde. Prag 1916–1957. Sie ist auf deutsch nur in einer Bearbeitung erschienen, die im folgenden angeführt wird. Bücher und Artikel über Dvořák, die ausschließlich in tschechischer Sprache vorliegen, sind in diese Bibliographie nicht aufgenommen, da sie den weitaus meist deutschen Lesern doch nichts nützen. Aus praktischen Gründen beschränkt sich dieses Literaturverzeichnis auf Schriften über Dvořák, die in Übersetzungen in die deutsche oder andere westeuropäische Sprachen vorliegen.

## 1. Quellen

Gesamtausgabe der Werke Antonín Dvořáks [Eine kritische Ausgabe nach Handschriften des Autors und anderen ursprünglichen Quellen wird von der Antonín-Dvořák-Gesellschaft und dem Staatlichen Musikverlag Prag seit 1955 veranstaltet.]
ALTMANN, WILHELM: Antonín Dvořák im Verkehr mit Fritz Simrock. In: Simrock-Jahrbuch Bd. II. Berlin 1929
BURGHAUSER, JARMIL: Antonín Dvořák. Thematisches Verzeichnis. Bibliographie. Übersicht von Leben und Werk. Prag 1960
ŠOUREK, OTOKAR: Antonín Dvořák in Briefen und Erinnerungen. Prag 1955
TRUFFIT, IAN T.: Antonín Dvořák: complete catalogue of works. Dvořák society of Great Britain 1974


## 2. Gesamtdarstellungen

BOESE, HELMUT: Zwei Urmusikanten. Smetana – Dvořák. Zürich–Leipzig–Wien 1955
BURGHAUSER, JARMIL: Antonín Dvořák. Prag 1966
BUTTERWORTH, NEIL: Dvořák, his life and times. Tunbridge Wells 1980
CLAPHAM, JOHN: Antonín Dvořák. London 1966
    Dvořák. Newton Abbot 1979
COOKE, DERYCK: Late Romantic Masters: Bruckner, Brahms, Dvořák, Wolf. London 1985
DAGAN, AVIGDOR [et al.]: Antonín Dvořák, his achievement. Westport (Conn.) 1970
HETSCHKO, ALFRED: Antonín Dvořák. Leipzig 1965
HOFFMEISTER, KAREL: Antonín Dvořák. Westport (Conn.) 1970
HOLZKNECHT, VÁCLAV: Antonín Dvořák. Prag ²1971
HOŘEJŠ, ANTONÍN: Antonín Dvořák. Sein Leben und Werk in Bildern. Prag 1955
HUGHES, GERVASE: Dvořák; his life and music. New York 1967
KREHBIEL, HENRY E.: Antonín Dvořák. The looker-on. New York 1896
NETTL, PAUL: Antonín Dvořák. In: Die Musik in Geschichte und Gegenwart. Kassel–Basel 1954
PURDY, CLAIRE LEE: Antonín Dvořák: composer from Bohemia. New York 1950
ROBERTSON, ALEC: Antonín Dvořák. Leben und Werk. Rüschlikon–Zürich 1947
SCHMIDT, LEOPOLD: Antonín Dvořák. In: Jahrbuch der Musikbibliothek Peters Bd. VII. Leipzig 1901
SCHÖNZELER, HANS HUBERT: Dvořák. London 1984
SCHULZE, HERBERT: Antonín Dvořák. Leipzig 1946
SIRP, HERMANN: Antonín Dvořák. Potsdam 1939
ŠOUREK, OTOKAR: Antonín Dvořák. Sien Leben und sein Werk. Prag 1953
ŠOUREK, OTOKAR, und PAUL, STEFAN: Dvořák. Leben und Werke. Wien–Leipzig–Prag 1935
WEGENDT, GERHILD: Antonín Dvořák. Bukarest 1980
ZUBATÝ, JOSEF: Ant. Dvořák. Leipzig 1886

CLAPHAM, JOHN: Dvořák and the impact of America. In: The Music Review 1954

Dvořák and the folk-song. In: Monthly Musical Record 1956

The evolution of Dvořák's symphony «From the New World». In: The Musical Quarterly 1958

Blick in die Werkstatt eines Komponisten: Die beiden Fassungen von Dvořáks Klaviertrio f-moll. In: Musica 1959

Dvořák and Cambridge. In: Monthly Musical Record 1959

Dvořák's Requiem Maß. In: Listener 80 (1968), Nr. 2071, S. 769

Dvořák's relations with Brahms and Hanslick. In: The Musical Quarterly 57 (1971), H. 2, S. 241–254

Dvořák's unknown letters on his symphonic poems. In: Music and Letters 56 (1975), H. 3–4, S. 277–287

Dvořáks Aufstieg zum Komponisten von internationalem Rang: einige neue Entdeckungen. In: Musikforschung 30 (1977), H. 1, S. 47–55

Dvořák's musical directorship in New York: a postscript. In: Music and Letters 59 (1978), H. 1, S. 19–27

Dvořák's cello concerto in b minor: a masterpiece in making. In: Music Review 40 (1979), H. 2, S. 123–140

Dvořák on the American scene. In: Nineteenth Century Music 5 (1981), H. 1, S. 16 ff

DÖGE, KLAUS: Ein Komponist ohne Problembewußtsein? Bausteine zu einem differenzierten Dvořák-Bild. In: Neue Zeitschrift für Musik 149 (1988), H. 9, S. 5

FISHER, WILLIAM ARMS: Reminiscences of one of Dvořák's pupils. In: The Phonograph Monthly Review 1927

HOLLANDER, HANS: Schubertsches bei Dvořák. Dargestellt am Klavierkonzert op. 81. In: Musica 28 (1974), H. 1, S. 40–43

Die tschechisch-amerikanische Synthese in Dvořáks Musik aus der Neuen Welt. In: Musica 29 (1975), H. 2, S. 122–124

HOPKINS, HENRY PATTERSON: Student days with Dvořák. In: The Etude 1912

KAUFMAN, M.: Anton Dvořáks Memoiren. In: Auftakt II, 1922

KULL, HANS: Dvořáks Kammermusik. Bern 1948

KUNA, MILAN: Dvořák's «Dimitrij». In: The Musical Times 120 (1979), Nr. 1631, S. 23

LAYTON, ROBERT: Dvořák's symphonies and concertos. London 1978

LESSING, WALTER: Die Streichquartette von Anton Dvořák: eine Sendereihe des Südwestfunks Baden-Baden. Südwestfunk 1983

MÖLLER, HEINRICH: Antonín Dvořák und die Musik der Neger. In: Musik und Gesellschaft V, 1955

NEJEDLÝ, ZDENĚK: Dvořák und Smetana. Prag 1934

NETTL, PAUL: When Dvořák came to the New World. In: Musical Courier 1941

OEING, HERIBERT: Dvořák 9. Sinfonie, 2. Satz, largo: Versuch einer Unterrichtsreihe nach kreativitätsorientiertem Ansatz. In: Zeitschrift für Musikpädagogik 9 (1984), H. 28, S. 29–37

PELLEGRINI, ALFRED: Persönliche Erinnerungen an Unterrichtsstunden bei Dvořák. In: Prager Presse, 1. Mai 1929

PRY, PAUL: «Pan» Antonín Dvořák. In: Sunday Times (London), 10. Mai 1885

SCHICK, HELMUT: Studien zu Antonín Dvořáks Streichquartetten. Laaber 1990 [zugl. Diss. Heidelberg 1989]

SCHLÄDER, JÜRGEN: Märchenoper oder symbolisches Musikdrama? Zum Interpretationsrahmen der Titelrolle in Dvořáks «Rusalka». In: Musikforschung 34 (1981), H. 1, S. 25 ff

SCHMIDT-GARRE, HELMUT: Eine tschechische Undine. In: Neue Zeitschrift für Musik 131 (1970), H. 4, S. 172 f

SEGOND, ANDRÉ: «Rusalka» de Dvořák à l'opéra de Marseille. Pour la première fois en France. In: Historiens & Géographes 73 (1983), Nr. 293, S. 676

SHELLEY, HARRY ROWE, und CAMILLE W. ZECKWER: Dvořák as I knew him. In: The Etude 1909

ŠOUREK, OTOKAR: Antonín Dvořák. Werkanalysen I: Orchesterwerke. Prag 1954

ŠOUREK, OTOKAR, und PAUL STEFAN: Konservatoriumsdirektor Anton Dvořák über amerikanische Volksmusik. In: Musikblätter des Anbruch XVI, 1934

STEFAN, PAUL: Why Dvořák would not return to America (Letters). In: Musical America LVIII, 1925

SUK, JOSEF: Aus meiner Jugend. Wiener Brahms-Erinnerungen. In: Der Merker II, 1910

SYCHRA, ANTONÍN: Antonín Dvořák: Zur Ästhetik seines sinfonischen Schaffens. Leipzig 1973

THURBER, JEANETTE M.: Dvořák as I knew him. In: The Etude XXXVII, 1919

WILL, JOSA: Anton Dvořák. Persönliche Erinnerungen. In: Neue Zeitschrift für Musik, 1904

# NAMENREGISTER

*Die kursiv gesetzten Zahlen bezeichnen die Abbildungen*

Aleš, Mikoláš 7
Andersen, Hans Christian 115
Anger, Mořic 26
Apt, Anton 20

Bach, Johann Sebastian 19, 47, 90, 125, 134
Barnby, Sir Joseph 71
Bartók, Béla 134
Bartz, Johannes 84
Batka, Richard Anm. 89
Beethoven, Ludwig van 9, 12, 13, 15, 19, 20, 30, 31, 32, 37, 40, 42, 47, 90, 122, 125, 126, 127, *28*
Benda, Georg (Jiří) 9
Bendl, Karel 20, 33, 71, 111; Anm. 38
Bennewitz, Antonín 119
Beringer, Oskar 71
Berkovec, Jiří Anm. 88
Berlioz, Hector 90
Bittner, Albert Anm. 31
Bizet, Georges 124
Bořivoj, böhmischer Herzog 76
Borodin, Alexander P. 125
Bráfová, Libuše Anm. 33
Brahms, Johannes 39, 45, 48 f, 52, 56, 67, 68, 74, 76, 85, 101, 105, 107, 110, 111, 124, 125, 127, 133; Anm. 21, 22, 25, 26; *49*
Brod, Max Anm. 23
Bruckner, Anton 72, 86, 90, 110, 133, *112*
Bülow, Hans Guido Freiherr von 56, 64, 65, 76, 84, 101, *66*
Bürger, Gottfried August 75
Burghauser, Jarmil 8; Anm. 1
Burleigh, Henry Thacker 97
Burney, Charles 9

Caballé, Montserrat Anm. 84
Casals, Pablo 102
Čech, Adolf (Adolf Taussig) Anm. 12
Čelakovský, František Ladislav 11
Čermáková, Anna s. u. Anna Dvořáková
Čermáková, Josefina 26, 31, *27*
Červinka, Václav 62
Červinková-Riegrová, Marie 62, 83, *64*
Charpentier, Gustave 122 f
Chopin, Frédéric 8, 101, 124, 135
Comenius, Johann Amos (Jan Amos Komenský) 10

Damrosch, Leopold 94, 95
Debussy, Claude 116, 124, 133
Delorko, Ratko Anm. 31
Dobrovský, Josef 11
Dolanský, Ladislav Anm. 50, 53
Drake, Joseph Rodman 86
Dušek, Anna 27; Anm. 9
Dušek, Václav 19
Dvořák, Antonín 90
Dvořák, František 13 f, 22, 60, 71, 72, 101; Anm. 37, 39; *17*
Dvořák, Otakar 47
Dvořák, Toník 99
Dvořáková, Anna (Mutter) 13, 60
Dvořáková, Anna (Ehefrau) 26 f, 39, 90, 119, *27, 41, 79*
Dvořáková, Josefa 47
Dvořáková, Magdalena 120
Dvořáková, Otilie 52, 89, 90, 99, 111
Dvořáková, Růžena 47

Eben, Bedřich Anm. 5
Ebert, Karl Egon Ritter von 12
Ehlert, Louis Anm. 27
Eim, Gustav Anm. 48
Elmendorff, Karl Anm. 47
Erben, Karel Jaromír 74, 105, 108, 113

Faměra, Josef Anm. 85
Farell, Arthur 102
Fauré, Gabriel-Urbain 124
Felsenstein, Walter Anm. 76
Fibich, Zdeněk 8, 112, 120
Fidler, Bohumil Anm. 43
Foerster, Josef Bohuslav 101, 112, 114, 127
Forster, Stephen Collins 94
Fouqué, Friedrich Baron de La Motte-F. 115
Franz Joseph I., Kaiser von Österreich und König von Ungarn 111

Gerlach, Reinhard 134; Anm. 92
Glinka, Michail I. 7, 8, 124, 125
Gluck, Christoph Willibald Ritter von 13, 90, 120
Göbl, Alois 60, 80; Anm. 42, 44, 46, 65, 67, 78
Goethe, Johann Wolfgang von 7, 12, 15
Gradenwitz, Peter 9; Anm. 2
Grieg, Edvard 122, 124
Grillparzer, Franz 12

Grosser-Rilke, Anna 78
Guldener, Bernard 33

Hálek, Vítězslav 37, 47
Händel, Georg Friedrich 19, 37, 47, 57, 69, 74, 76, 90, 120, 129
Hanka, Václav 11, 36
Hanke, Franz 16
Hanslick, Eduard 40, 44, 48, 50, 64, 65, 72, 105, 107, 124, 134; Anm. 15, 17; 43
Hauptmann, Gerhart 115
Haydn, Joseph 122, 125, 129
Hegel, Georg Wilhelm Friedrich 11
Heine, Heinrich 115
Herbeck, Johann Ritter von 39
Herder, Johann Gottfried von 11, 105
Heyduk, Adolf 57
Hlabáč, Friedrich Anm. 14
Hlávka, Josef 86, 108; Anm. 55
Homer 100
Honolka, Kurt Anm. 20, 47, 76, 84
Hostinský, Otakar 8
Humperdinck, Engelbert 113
Hus, Jan 67

Iacopone da Todi 46

Jahn, Friedrich Ludwig 11
Janáček, Leoš 7, 39, 49, 62, 105, 106, 112, 113, 125, 130, 134; 42
Jesus 105
Jirásek, Alois 83
Joachim, Joseph 56, 68, 57
Jungmann, Josef 11

Kàan z Albéstu, Jindřich 71
Kant, Immanuel 11
Karl IV., Kaiser 9, 65
Kaunitz, Václav Graf 26, 60, 73
Knittl, Karel 119
Kollér, Jan 11
Komzák, Karel 24
Körner, Theodor 33
Koutecká, Terezie 98
Kovařík, Josef Jan 90, 92 f, 97, 98, 104; Anm. 66
Kovařovic, Karel 112, 120, 121, 121
Kozánek, Emil Anm. 83
Krejčí, Josef 19
Křížkovský, Pavel 12
Kurz, Vilém 45
Kváča, Jan 26; Anm. 8
Kváča, Frau 26
Kvapil, Jaroslav 114, 115, 118, 116

Liehmann, Anton 15 f, 60, 83, 18
Liehmann, Terynka 16, 83
Liszt, Franz 12, 20, 31, 32, 36, 38, 40, 56, 90, 105, 107, 106
Littleton, Henry 71
Longfellow, Henry Wadsworth 99
Lortzing, Albert 114, 115
Ludmila, böhmische Herzogin 76
Lully, Jean-Baptiste 120

MacDowell, Edward Alexander 94 f, 102; Anm. 58
Mácha, Karel Hynek 7, 11
Mahler, Gustav 46, 108, 118, 124, 132; Anm. 71; 109
Mánes, Josef 7
Mareš, Petr Anm. 8
Masaryk, Tomáš Garrigue 11
Mascagni, Pietro 95
Matějka, Aninka 26
Matějka, Martin 26
Mendelssohn Bartholdy, Felix 69
Meyerbeer, Giacomo (Jakob Liebmann Meyer Beer) 44, 122
Michl, Josef 89; Anm. 5, 51, 54, 56, 63
Mikovec, Ferdinand Břetislav 63
Moniuszko, Stanisław 8, 125
Mozart, Wolfgang Amadé 10, 12, 20, 26, 30, 56, 87, 90, 102, 122, 125, 129, 134
Mussorgsky, Modest P. 63 f, 124, 133
Myslbek, Josef Václav 108

Nedbal, Oskar 89, 118
Neff, Jan 45
Neff, Marie 45; Anm. 19
Nejedlý, Zdeněk 8, 64, 118
Němcová, Božena 7, 113
Nikisch, Arthur 56, 76, 94, 118, 119
Nostitz-Rhieneck, Franz Anton Graf 10
Novák, Vítězslav 89, 108, 109, 111, 116, 110

Ondříček, František 56

Palacký, František 11
Penížek, Josef Anm. 81
Pergolesi, Giovanni Battista 46
Pfleger-Moravský, Gustav 31
Pilarczyk, Helga Anm. 31
Pippich, Karel Anm. 32
Pitsch, Karl Franz 19
Pivoda, František 72
Plíva, Jan 19
Portheim, Josef 39
Pražák, Přemysl Anm. 10
Procházka, Ludevít 36

Puccini, Giacomo Antonio Domenico Michele Secondo Maria 37, 62, 122
Purcell, Henry 69

Ravel, Maurice 116
Reicha, Anton (Antonín Rejcha) 9
Rennert, Günther Anm. 31
Richter, Hans 52, 58, 68, 69 f, 76, 84 f, 105, 106, 108, 110, 118; Anm. 68; 58
Rieger, František Ladislav Freiherr von 33, 62, 108
Rimsky-Korssakow, Nikolaj A. 124
Rossini, Gioacchino Antonio 46, 100, 120
Rus, Antonín 73

Šamberk, František Ferdinand 58
Schiller, Friedrich 7, 12, 63, 97
Schlemm, Anny Anm. 31
Schönberg, Arnold 124, 133, 134
Schubert, Franz 20, 30, 40, 90, 126 f
Schuch, Ernst Edler von 44
Schumann, Clara 49
Schumann, Robert 40, 49, 58, 86, 101, 126
Šebor, Karel 33
Seidl, Anton 94, 95, 100, 113, 94
Simrock, Fritz 48, 51 f, 60, 67, 73, 78, 80, 95, 108, 111, 120, 129; Anm. 22, 29, 34, 35, 40, 41, 45, 60; 51
Skrjabin, Alexander N. 133
Škroup, František 11, 12, 60
Slezak, Leo 118
Smetana, Bedřich 7 f, 11, 12, 13, 23, 24, 28 f, 32 f, 38 f, 40, 43, 44, 45, 48, 52, 56, 60, 61, 64, 65, 68, 72, 84, 101, 112, 118, 120, 124 f, 129, 131; Anm. 20; 34
Šourek, Otakar 8, 31, 36, 39, 40, 58, 68, 102, 108, 116; Anm. 5, 6
Speidel, Ludwig 113; Anm. 75
Spielmann 98
Spitz, Joseph (Josef Špic) 15; Anm. 4
Srb-Debrnov, Josef Anm. 20
Stamitz, Johann Wenzel Anton 9
Stárek, Rudolf 123
Stern, Leo 102
Štolba, Josef 43

Strauss, Richard 90, 105, 107 f, 116, 124, 133, 107
Strawinsky, Igor 124
Šubert, František Adolf 113, 114
Suk, Josef 52, 89 f, 102, 106, 110, 111, 114, 116, 129; Anm. 24, 52, 73; 110, 114
Šumavský, Václav Beneš 44
Sušil, František 45
Sychra, Antonín 129, 132; Anm. 87, 90

Talich, Václav 110
Tasso, Torquato 120
Thun, Johann Graf 19
Thurber, Jeanette M. 90, 94 f, 99, 101, 104, 91
Toscanini, Arturo 118
Tragy, Josef 87, 119
Tschaikowsky, Peter I. 84, 101, 115, 124, 133, 85
Tyl, Josef Kajetán 11, 58 f, 113
Tyrš, Miroslav 11

Verdi, Giuseppe 62, 86, 87, 100, 112, 118, 120, 128, 129, 134
Veselý, Josef Otakar 44
Victoria, Königin von Großbritannien und Irland 69
Vrchlický, Jaroslav 76, 108, 118, 120 f

Wagner, Richard 12, 20, 31, 32 f, 36, 40, 43, 44, 50, 62, 65, 72, 90, 100, 112 f, 115, 120 f, 124 f, 129, 132, 32
Weber, Carl Maria Friedrich Ernst von 12
Webern, Anton 134
Weigl, Joseph 11
Weis, Karel Anm. 69
Wenig, Josef 113
Wenzel, böhmischer Herzog 66 f
Wenzig, Adolf 11
Wihan, Hanuš 102
Windischgrätz, Alfred Fürst zu 19

Zavrtal, Ladislav J. 71
Zdeněk, Antonín 17
Zeyer, Julius 62, 108
Zubatý, Josef 22; Anm. 7

## ÜBER DEN AUTOR

Dr. KURT HONOLKA, Musikschriftsteller und Kritiker, geboren 1913 in Leitmeritz (Böhmen). Studium: Deutsche Universität Prag, dann Journalist, 1949 bis 1963 Feuilletonleiter der «Stuttgarter Nachrichten». Seither dort und als Korrespondent deutscher und ausländischer Zeitschriften und Rundfunkanstalten Musik- und Theaterkritiker.

Publikationen: «Weltgeschichte der Musik», «Geschichte der russischen Musik», «Kulturgeschichte des Librettos», «Das vielstimmige Jahrhundert» («Musik in unserer Zeit»), Opernführer.

Engagierter Vermittler klassischer und zeitgenössischer slawischer Musik, als Übersetzer und Bearbeiter von Opern, auch Liedern und Chorwerken, namentlich von Smetana, Janáček und Dvořák. Kurt Honolka starb 1988.

# QUELLENNACHWEIS DER ABBILDUNGEN

# rowohlts bildmonographien

**Thema Musik**

**bildmono rororo graphien**

Luc-André Marcel
**Johann Sebastian Bach** (83)

Everett Helm
**Béla Bartók** (107)

Fritz Zobeley
**Ludwig van Beethoven** (103)

Volker Scherliess
**Alban Berg** (225)

Wolfgang Dömling
**Hector Berlioz** (254)

Hans A. Neunzig
**Johannes Brahms** (197)

Karl Grebe
**Anton Bruckner** (190)

Camille Bourniquel
**Frédéric Chopin** (25)

Jean Barraqué
**Claude Debussy** (92)

Kurt Honolka
**Antonín Dvořák** (220)

Fritz Hennenberg
**Hanns Eisler** (370)

Hanspeter Krellmann
**George Gershwin** (418)

Nikolaus de Palézieux
**Christoph Willibald Gluck** (412)

Richard Friedenthal
**Georg Friedrich Händel** (36)

Pierre Barbaud
**Joseph Haydn** (49)

Giselher Schubert
**Paul Hindemith** (299)

Alan Posener
**John Lennon** (363)

Everett Helm
**Franz Liszt** (185)

Hans Christoph Worbs
**Albert Lortzing** (281)

Wolfgang Schreiber
**Gustav Mahler** (181)

Hans Christoph Worbs
**Felix Mendelssohn Bartholdy** (215)

Heinz Becker
**Giacomo Meyerbeer** (288)

Wulf Konold
**Claudio Monteverdi** (348)

Aloys Greither
**Wolfgang Amadé Mozart** (77)

Hans Christian Worbs
**Modest P. Mussorgsky** (247)

P. Walter Jacob
**Jacques Offenbach** (155)

Lilo Gersdorf
**Carl Orff** (293)

Clemens Höslinger
**Giacomo Puccini** (325)

Vladimir Jankélévitch
**Maurice Ravel** (13)

Helmut Wirth
**Max Reger** (206)

Michael Stegemann
**Camille Saint-Saëns** (389)

C 2055/6

**rowohlts bildmonographien**

Eberhard Freitag
**Arnold Schönberg**
(202)

Detlef Gojowy
**Dimitri Schostakowitsch** (320)

Marcel Schneider
**Franz Schubert** (19)

André Boucourechliev
**Robert Schumann**
(6)

Kurt Honolka
**Bedřich Smetana** (265)

Norbert Linke
**Johann Strauss** (304)

Walter Deppisch
**Richard Strauss** (146)

Wolfgang Dömling
**Igor Strawinsky** (302)

Karl Grebe
**Georg Philipp Telemann** (170)

Everett Helm
**Peter I. Tschaikosky** (243)

Hans Kühner
**Giuseppe Verdi** (64)

Michael Stegemann
**Antonio Vivaldi** (338)

Hans Mayer
**Richard Wagner** (29)

Michael Leinert
**Carl Maria von Weber** (268)

Hanspeter Krellmann
**Anton Webern** (229)

Andreas Dorschel
**Hugo Wolf** (344)

**Thema Musik**

bildmono **rororo** graphien

C 2055/6 a

**rowohlts bildmonographien**

**Thema Kunst**

Catherine Krahmer
**Ernst Barlach** (335)

Heinrich Goertz
**Hieronymus Bosch** (237)

Kurt Leonhard
**Paul Cézanne** (114)

Juerg Albrecht
**Honoré Daumier** (326)

Dietrich Schubert
**Otto Dix** (287)

Franz Winzinger
**Albrecht Dürer** (177)

Lothar Fischer
**Max Ernst** (151)

Gertrud Fiege
**Caspar David Friedrich** (252)

Herbert Frank
**Vincent van Gogh** (239)

Jutta Held
**Francisco de Goya** (284)

Lothar Fischer
**George Grosz** (241)

Michael Töteberg
**John Heartfield** (257)

Peter Anselm Riedl
**Wassilij Kandinsky** (313)

Carola Giedion-Welcker
**Paul Klee** (52)

Catherine Krahmer
**Käthe Kollwitz** (294)

Norbert Huse
**Le Corbusier** (248)

Kenneth Clark
**Leonardo da Vinci** (153)

Jost Hermand
**Adolph Menzel** (361)

Heinrich Koch
**Michelangelo** (124)

Liselotte v. Reinken
**Paula Modersohn-Becker** (317)

Mathias Arnold
**Edvard Munch** (351)

Wilfried Wiegand
**Pablo Picasso** (205)

Christian Tümpel
**Rembrandt** (251)

Ernst Nündel
**Kurt Schwitters** (296)

Matthias Arnold
**Henri de Toulouse-Lautrec** (306)

Lothar Fischer
**Heinrich Zille** (276)

rororo bildmonographien

C 2056/7

## rowohlts bildmonographien

**Thema Naturwissenschaft, Pädagogik, Medizin**

### Naturwissenschaft

Jochen Kirchhoff
**Giordano Bruno** (285)

Fritz Vögtle/Peter Ksoll
**Maria Curie** (417)

Johannes Hemleben
**Charles Darwin** (137)

Fritz Vögtle
**Thomas Alva Edison** (305)

Johannes Wickert
**Albert Einstein** (162)

Johannes Hemleben
**Galileo Galilei** (156)

Armin Hermann
**Werner Heisenberg** (240)

Adolf Meyer-Abich
**Alexander von Humboldt** (131)

Johannes Hemleben
**Johannes Kepler** (183)

Jochen Kirchhoff
**Nikolaus Kopernikus** (347)

Fritz Vögtle
**Alfred Nobel** (319)

Armin Hermann
**Max Planck** (198)

### Medizin

Josef Rattner
**Alfred Adler** (189)

Wilhelm Salber
**Anna Freud** (343)

Rainer Funk
**Erich Fromm** (322)

Octave Mannoni
**Sigmund Freud** (178)

Gerhard Wehr
**C. G. Jung** (152)

Hans-Martin Lohmann
**Alexander Mitscherlich** (365)

Ernst Kaiser
**Paracelsus** (149)

Bernd A. Laska
**Wilhelm Reich** (298)

### Pädagogik

Helmut Heiland
**Friedrich Fröbel** (303)

Wolfgang Pelzer
**Janusz Korczak** (362)

Max Liedtke
**Johann Heinrich Pestalozzi** (138)

Johannes Hemleben
**Rudolf Steiner** (79)

,H.-D. Klumpjan/
Helmut Klumpjan
**Henry David Thoreau** (356)

C 2057/7 b